Hugo's Simplified System

Welsh in Three Months

Phylip Brake and **Mair ap Myrddin**

Hugo's Language Books Limited

Written by

Phylip Brake M.A. and **Mair ap Myrddin** B.A.

Tutor-organiser
Department of Extra-mural Studies
University of Wales
Aberystwyth

Set in 10/12 Plantin by
Typesetters Limited, Hertford
Printed and bound in Great Britain by
Page Brothers Ltd., Norwich, Norfolk

Contents

4

Abbreviations used in this book

ad	adverb	*lit*	literally
adj	adjective	*m*	masculine
AM	aspirate mutation	NM	nasal mutation
cnj	conjunction	NW	North Wales
f	feminine	*periph*	periphrastic
fam	familiar	*pl*	plural
IP	Imitated Pronunciation	*prp*	preposition
IPA	International Phonetic	SM	soft mutation
	Association	SW	South Wales
irreg	irregular	*vb*	verb

Preface

'Welsh in Three Months' has been written by two people who are actively involved in teaching Welsh to a wide-ranging audience. Phylip Brake is responsible for the extra-mural Welsh classes offered by the University of Wales Aberystwyth; intensive, and related, courses aimed at getting students fluent in the language as quickly as possible. Mair ap Myrddin has taught Welsh at all levels, to children and adults. She is steeped in the cultural heritage of Wales, has transcribed dialect tapes for the Welsh Folk Museum, and works occasionally for *Radio Cymru* and *S4C*.

The book begins with an explanation of Welsh pronunciation. If you are working without a teacher you will find that our system of 'imitated pronunciation' simplifies matters considerably. Using the book together with our cassette recordings is an ideal combination and gives another dimension to the course.

It has always been a principle of the Hugo method to teach only what is really essential. We assume that the student wants to learn Welsh from a practical angle, and the lessons contain those rules of grammar that will be of most use in this respect. Constructions are clearly explained, and the order in which everything is presented takes into consideration the need for rapid progress. Each lesson contains a large number of exercises and the vocabulary introduced is both practical and up-to-date. Often, in addition to testing a grammatical point, an exercise will include a specific vocabulary. For example, Exercise 38 deals with telling time while Exercise 58 deals with asking permission. The course finishes with a short selection of reading passages illustrating the range of written Welsh styles, all with an English translation.

Ideally, you should spend about an hour a day on your work, although this is by no means a hard and fast rule. Do as much as you feel capable of doing at a particular time; if you do not possess a special aptitude for language acquirement, there is no point forcing yourself beyond your daily capacity to assimilate new material. It is much better to learn a little at a time, and to learn that thoroughly.

Before beginning a new section or lesson, always spend about ten minutes revising what you did the day before. When studying the lessons, first read each rule or numbered section carefully and re-read it to ensure that you have fully understood the grammar, then translate the following exercise(s) by writing down the answers. Check these by referring to the Key at the back of the book; if you have made too many mistakes, go back over the instruction before attempting the same questions again. After you have listened to the *sgyrsiau* (conversations), read them aloud and see how closely you can imitate the voices on the recordings. If you don't have the cassettes, read through these dialogues as often as need be (noting constructions and new vocabulary) before translating them and comparing your version with the English that follows.

When you have completed the course, you should have a good understanding of Welsh. But remember that it is vital to continue to expand your vocabulary through reading and, if you live in or near Wales, listening to the radio programmes (on *Radio Cymru*) and watching Welsh television programmes (on *S4C*), many of which are produced specifically for Welsh learners. However, since Welsh is a living language, the best practice of all is <u>speaking</u> it. Information about organisations and societies actively engaged in promoting the Welsh language to learners is given below.

ACEN (independent film company which produces programmes for Welsh learners for S4C): Canolfan Iaith a Busnes Caerdydd, Clos Sophia, Caerdydd CF1 2TH. ☎ 0222 665455.

CYD-BWYLLGOR ADDYSG CYMRU (Welsh Joint Education Committee) (co-ordinates the teaching of Welsh to adults throughout Wales): Adran y Gymraeg, CBAC, 245 Rhodfa'r Gorllewin, Caerdydd CF5 2YX. ☎ 0222 555446.

CYD (society for bringing Welsh speakers and learners together): Adran y Gymraeg, Yr Hen Goleg, Stryd y Brenin, Aberystwyth, Dyfed SY23 2AX. ☎ 0970 611446.

PRENTIS (magazine for Welsh learners): Gwasg Taf, 99 Heol Woodville, Caerdydd CF2 4DY. ☎ 0222 221778

We hope you will enjoy 'Welsh in Three Months', and we wish you every success with your studies.

Pronunciation & Mutations

The Welsh alphabet

There are 29 letters in the Welsh alphabet; these are listed at the
end of this chapter, but for the moment you should note that
there are several letter combinations – **ch, dd, ff, ng, ll, ph, rh,
th** – each of which represents one sound.

When you need to find words beginning with these letters in a
Welsh dictionary, remember that they'll be listed after all the
headwords beginning with C, D or L and so forth. Of course this
doesn't just apply to initial letters, but to alphabetical order
within the word; that's why, in the mini-dictionary at the back of
this book, you'll see **diflas** followed by **diffodd** and **modryb**
followed by **moddion**.

The Imitated Pronunciation

Welsh is written more or less as it is spoken. A particular letter, or
sequence of letters, represents a particular sound. There are
slight regional variations, but once the basic alphabet is mastered
pronunciation should not be a problem. Each vocabulary item in
this course is given an IPA (International Phonetic Association)
transcription, which we hope will be particularly useful to those
students whose first language doesn't happen to be English. However,
for those with no knowledge of the IPA symbols, we have simplified
the whole question by using our method of imitated pronunciation
under the vocabulary lists and also under certain other sections
where the IPA isn't shown. Our method uses an underline to
highlight special sounds such as the guttural **ch**, the **dd** and the **ll**
(shown as <u>lh</u>) but is otherwise generally based on Standard
English. If possible, you should acquire the cassette recordings
which accompany the course; these tapes allow you to hear many
of the words and phrases as you follow them in the book.

You should read through the following rules and advice on Welsh pronunciation, but there is no need to learn the rules by heart; just refer back to them at frequent intervals and you will soon become familiar with them. In the meantime, you can start at Lesson 1 and rely on our imitated pronunciation.

Pronounce all syllables as if they formed part of an English word, ensuring to put the stress on the last but one (penultimate) syllable, but note the following:

- Letters in bold print denote stress in words which are not accented on the last but one syllable. For example: **sinema/sinemâu** ('cinema'/'cinemas') are imitated **sin**-eh-muh and sin-eh-**my**.

- Brackets denote a syllable which is not usually pronounced in spoken Welsh, but should be written in full. For example: **does dim ots** 'it doesn't matter'; Imitated Pronunciation: (doy)ss dim ots.

Stress

Emphasis in Welsh words is usually placed on the penultimate syllable, although the tonal stress is always on the last syllable. This double stress gives the impression that Welsh people 'sing'! Contrast the stress in the word 'problem' which occurs in both English and Welsh:

English: **PROB**lem
Welsh: **PROB***lem*

Pronunciation of vowels

The equivalents given below are approximate.

VOWEL		Imitated Pronun.	IPA Symbol
a (short)	**tan** (until): as 'a' in Northern English 'cat'	a	/a/
á	**jiráff** (giraffe): as 'a' in Northern English 'cap'	a	/a/
a (long)	**tad** (father): as 'a' in English 'father'	ah	/ɑ:/

â	**tân** (fire): as 'a' in English 'father'	ah	/ɑ:/
e (short)	**pen** (head): as in English 'let'	e	/ɛ/
e (long)	**hen** (old): as in English 'bear'	eh	/e:/
ê	**gêm** (game): as in English 'bear'	eh	/e:/
i (short)	**pin** (pin): as in English 'pin'	i	/ɪ/
ì	**sgìl** (skill): as in English 'pin'	i	/ɪ/
i (long)	**ffin** (border): as in English 'peel'	ee	/i:/
î	**sgrîn** (screen): as in English 'peel'	ee	/i:/
o (short)	**toc** (presently): as in English 'pot'	o	/ɒ/
ò	**clòs** (close = weather): as in English 'pot'	o	/ɒ/
o (long)	**clos** (farmyard): as in English 'more'	oh	/o:/
ô	**môr** (sea): as in English 'more'	oh	/o:/
*u (short)	**tun** (tin): as in English 'pin'	i	/ɪ/
*u (long)	**grug** (heather): as in English 'peel'	ee	/i:/
*û	**cytûn** (agreed): as in English 'peel'	ee	/i:/
w (short)	**dwrn** (fist): as in English 'book'	oo	/ω/
w (long)	**cwrw** (beer): as in English 'moon'	ooh	/u:/
ŵ	**dŵr** (water): as in English 'moon'	ooh	/u:/
*y (short)	**llyn** (lake): as in English 'pin'	i	/ɪ/
*y (long)	**dyn** (man): as in English 'peel'	ee	/i:/
*ŷ	**ŷd** (corn): as in English 'peel'	ee	/i:/
**y	**cynnig** (attempt): as in English 'bus'	uh	/ə/

*In North Wales these vowels are produced by lifting the middle of the tongue towards the roof of the mouth. There is no similar sound to this in English.

**'Y' usually sounds like this when it occurs in the accented penultimate syllable.

Diphthongs (vowel combinations)

A diphthong is a combination of two vowels pronounced one after the other in one breath or 'syllable'. As we have seen, some Welsh vowels, like 'i' and 'u', sound the same (especially in South Wales), and so diphthongs like 'ai' and 'au' also sound the same.

DIPHTHONG		Imitated Pronun.	IPA Symbol
ai, ae,	**sain** (sound), **traed** (feet),	ie,	/ai/
au,	**dau** (two), **casáu** (to hate),	ye*	
aú, âu	**dramâu** (plays): as in English 'aye', or like the 'ie' in English 'pie'		

[Note that the plural ending, **-au**, unless accented as above, is an indeterminate 'eh']

ei, eu,	**seiniau** (sounds), **lleuad**	ey	/ei/
ey	(moon), **teyrnas** (kingdom): like the 'ey' in English 'prey'		
ew	**tew** (fat), **rhew** (frost): say the 'e' in 'let' and the 'oo' in 'moon' quickly, running them together	ew	/ɛu/
iw, yw	**rhiw** (hill), **cyw** (chick): as 'ew' in English 'new'	iw	/ɪu/
oi, oe,	**lloi** (calves), **troed** (foot),	oy	/ɒi/
ou	**cyffrous** (exciting): as 'oy' in English 'toy'		
wy, ŵy	**cwyn** (complaint), **ŵyr**	ooy	/ʊi/
	(grandson): produced by pronouncing 'oo' in 'look' followed immediately by 'y' in 'sorry'		

*'ay' might seem the obvious way to imitate these three diphthongs, but frequently-occurring words like **mae** and **traed** would then appear in imitated pronunciation as 'may' and 'trayd' and inevitably be misread. To avoid such confusion, we put 'my' and 'tried'; remember to read off the imitated pronunciation as if it represented ordinary English words and you won't go far wrong.

Pronunciation of consonants

Welsh consonants are on the whole pronounced as in English, but note the following:

CONSONANT		Imitated Pronun.	IPA Symbol
c	**ci** (dog): as in English 'cap', *never* as in 'city'	k	/k/
ch	**bach** (small): as in the Scottish 'loch', <u>not</u> as in 'lock' or 'bark'	<u>ch</u>	/χ/
dd	**gradd** (degree): as 'th' in English 'the'	<u>dd</u>	/ð/
f	**haf** (summer): as 'f' in English 'of'	v	/v
ff	**rhaff** (rope): as 'ff' in English 'off'	f	/f/
ll	**lle** (place): a voiceless 'l' produced by positioning the tongue to pronounce 'l' and blowing	<u>lh</u>	/ɬ/
ph	**ei phen** (her head): as in English 'telephone'	f	/f/
r	**ras** (race): the Welsh 'r' is rolled, and *always* pronounced	r	/r/
rh	**rhad** (cheap): a voiceless 'r' produced by positioning the tongue to pronounce 'r' and blowing	rh	/r̥/

Pronunciation of semi-vowels

		Imitated Pronun.	IPA Symbol
w	**gwên** (smile): as in English 'water'	w	/w/
i	**iâr** (hen): as the 'y' in English 'yet'	y	/j/

Accents

There are three accents in Welsh which affect the quality of the vowel with which they are associated:

1) the ascending or acute accent ('), found on the letter 'a'
2) the descending or grave accent (`), found on 'i' and 'o'
3) the circumflex (^), found on any vowel

The diaeresis (¨) is used to show that a particular vowel is pronounced separately rather than forming a diphthong with the vowel next to it. The vowel sound itself does not change: **storïau** 'stories' (IP: stoh-ree-eh).

Pronunciation of the Welsh alphabet

As in English, the pronunciation of some Welsh letters bears little resemblance to their phonetic quality.

A	(ah)	NG	(eng)	PH	(fee)
B	(bee)	H	(ietsh)	R	(err)
C	(ek)	I	(ee-dot)	RH	(rhee)
CH	(e<u>ch</u>)	J	(jey)	S	(ess)
D	(dee)	L	(el)	T	(tee)
DD	(e<u>dd</u>)	LL	(e<u>lh</u>)	TH	(eth)
E	(eh)	M	(em)	U	(ee-bed-ol)
F	(ev)	N	(en)	W	(ooh)
FF	(eff)	O	(oh)	Y	(like English 'her'
G	(egg)	P	(pee)		without the 'h')

Forms used in this book

There is no *one* form of standard spoken Welsh. However, the emergence of a Welsh mass media in the form of the Welsh radio station *Radio Cymru* and especially the bilingual television channel *S4C*, which was established in 1981, has meant that the seeds of a potential standard spoken language are being germinated, and are developing remarkably quickly.

Welsh is generally divided into North Walian and South Walian. These are broad terms and there are regional differences within them. The forms used in this book are South Walian, but we will note the North Walian equivalents where appropriate.

However, if Welsh does not yet possess a spoken standard, it does possess a literary standard which can be traced back to the translation of the Bible by Bishop William Morgan in 1588, which in turn is based on the language of the medieval court poets, who were the heirs of the *Cynfeirdd*, the early poets, Aneirin and Taliesin. These lived in the sixth century AD and described battles which took place in today's Scotland and Northern England – places very far indeed from the borders of modern Wales. Throughout this book, literary forms will be shown where appropriate.

The fact that the literary standard is so different from the spoken dialects can, and does, inevitably cause problems for certain Welsh speakers who are not conversant with the literary standard. They often expect learners to speak the 'high' variety of the language, and are therefore reluctant to converse with learners in Welsh. Great efforts are being made to overcome this problem within and without the classroom; societies such as CYD (which literally means 'together') and PONT (= 'bridge') have been established to bring Welsh speakers and learners together. After the 1991 census there is a great feeling of optimism concerning the survival of the language, because although the percentage of Welsh speakers was less than that recorded in 1981, the actual number of people speaking Welsh increased for the first time since the 1920s.

This book was written in this spirit of co-operation, and we very much hope that it will be a contribution to the revival of a very ancient and venerable tongue – one of the oldest in Europe.

1 Mutations

A characteristic which is common to all the living Celtic languages (which includes Irish, Scots Gaelic, Breton, Cornish and Manx, as well as Welsh), is the change of certain consonants at the beginning of some words. These changes, or mutations, are not random, and are governed by the grammatical context in which they occur. You need to know about them.

Some Welsh language courses seem to pretend that mutations don't exist, others give long and complicated explanations at the very outset which tend to discourage students from going any further. Since mutation affects the sound of a word, the Hugo preference is for a short and relatively simple section (numbered, as are those in the lessons themselves) within this chapter that deals with pronunciation. Don't be tempted to ignore mutations, but don't let them worry you. Many Welsh speakers make mutations unconsciously and haven't any idea of the rules that govern these consonantal changes – in much the same way that in English we say 'one life' but 'two lives', or 'one path' but 'two paths' (with a different 'th' sound in the latter).

The words and grammatical contexts which cause mutations will be dealt with individually during the course, and should be learnt in the same way as you learn vocabulary.

To begin with, then, it will help if you have a general idea of the principles of mutation in Welsh. There are three types of mutation, classified roughly according to the type of phonetic change which occurs:

(i)   soft mutation
(ii)   nasal mutation
(iii) aspirate mutation

The abbreviations SM, NM and AM will be seen throughout this course, indicating relevant mutations.

MUTATABLE CONSONANT	SOFT MUTATION	NASAL MUTATION	ASPIRATE MUTATION
p	b	mh	ph
t	d	nh	th
c	g	ngh	ch
b	f	m	
d	dd	n	
g	–	ng	
m	f		
ll	l		
rh	r		

By referring back to the section on pronunciation, you should have little difficulty in pronouncing the majority of the mutated forms listed above, although the nasal forms may present some problems: 'm', 'n' and 'ng' are pronounced the same as in English; while the 'h' in 'mh', 'nh' and 'ngh' merely denotes that these nasal sounds are produced without voice (in the same way that 'rh' is a voiceless 'r').

The soft mutation is the most common, and is caused in a number of ways. For example, it occurs after certain prepositions such as **ar** 'on', **dan** 'under' and **o** 'from' – in the following lessons, where helpful, < indicates the normal (unmutated) form:

ar droed	on foot	(**<troed** 'foot')
dan bwysau	under pressure	(**<pwysau** 'pressure')
o Gymru	from Wales	(**<Cymru** 'Wales')

IMITATED PRONUNCIATION: arr-**droyd**; dan-booys-eh; oh-gum-ree.

The direct object of inflected verb forms suffers soft mutation:

VERB	SUBJECT	DIRECT OBJECT		
Gwelais	**i**	**geffyl.**	(**<ceffyl**)	I saw a horse.

IMITATED PRONUNCIATION: gwel-ess ee geff-il.

The aspirate mutation occurs after: the conjunctions **a** 'and', **â** 'with' and **gyda** 'with'; the prepostion **tua** 'about'; and the prefixed pronoun **ei** 'her'. For example:

ceffyl a chert	horse and cart	(**<cert** 'cart')
cwrddais i â phlisman	I met (with) a policeman	(**<plisman** 'policeman')
gyda phleser	with pleasure	(**<pleser** 'pleasure')
tua chant o bobl	about a hundred people	(**<cant** 'hundred')
ei thad	her father	(**<tad** 'father')

IMITATED PRONUNCIATION: keff-il a cherrt; koorr-ddess ee ah fliss-man; guh-da fless-err; tee-a chant o boh-bol; ee thahd.

The nasal mutation is the least common, occuring only after **fy** 'my' and **yn** 'in', and with **blynedd** 'years' after certain numbers:

fy nhad	my father	(**<tad** 'father')
yng Nghymru	in Wales	(**<Cymru** 'Wales')
pum mlynedd	five years	(**<blynedd** 'years')

IMITATED PRONUNCIATION: vun hahd; ung hum-ree; pim luh-nedd.

Lesson 1

2 The definite article ('the')

Only the definite article occurs in Welsh. The full form is **yr** 'the' which occurs before a vowel (**yr afal** 'the apple'), and 'h' (**yr heol** 'the road'); **y** occurs before consonants (**y dyn** 'the man'); **'r** occurs after vowels (**lili'r dyffryn** 'lily of the valley').

IMITATED PRONUNCIATION: uh rah-val; ur hewl; uh deen; lil-eerr duff-rin.

There is no indefinite article in Welsh, so that **plentyn**, for example, can mean either 'a child' or just 'child'.

3 Nouns and their genders

In Welsh all nouns are either masculine or feminine. The main difference is that the first letters of singular feminine nouns are softly mutated after the article (except ones beginning with 'll' or 'rh'), whereas those of masculine nouns are not:

MASCULINE NOUN		FEMININE NOUN		
y dyn	the man	y fenyw	the woman	(<**menyw** 'woman')
y ci	the dog	y gath	the cat	(<**cath** 'cat')
y ceffyl	the horse	y gaseg	the mare	(<**caseg** 'mare')
y tŷ	the house	y babell	the tent	(<**pabell** 'tent')

IMITATED PRONUNCIATION: uh deen; uh ven-iw; uh kee; uh gahth; uh keff-il; uh gass-eg; uh tee; uh bah-be<u>lh</u>.

Unfortunately, there are few rules that can help determine the gender of Welsh nouns. The best rule is to learn the noun and the gender together.

4 Noun plurals

Unlike English there is no regular way of forming the plural in Welsh. The most common way is adding **-au** (usually pronounced '-eh' in speech); **-od** is a common ending with people and animals; vowel change, as in the English 'man/men', is also very common in Welsh:

-au

enw (*m*)	name	–	**enwau**	names
amser (*m*)	time	–	**amserau**	times
papur (*m*)	paper	–	**papurau**	papers
coes (*f*)	leg	–	**coesau**	legs
cae (*m*)	field	–	**caeau**	fields

IMITATED PRONUNCIATION: en-ooh, en-weh; am-sserr, am-sserr-eh; pap-irr, pap-eerr-eh; koyss, koyss-eh; kye, kay-eh.

-od

menyw (*f*)	woman	–	**menywod**	women
corrach (*m*)	dwarf	–	**corachod**	dwarfs
cath (*f*)	cat	–	**cathod**	cats
llew (*m*)	lion	–	**llewod**	lions
llyffant (*m*)	toad	–	**llyffantod**	toads

IMITATED PRONUNCIATION: men-iw, men-iw-od; korr-a<u>ch</u>, korr-ah-<u>ch</u>od; kahth, kah-thod; <u>lh</u>ew, <u>lh</u>ew-od; <u>lh</u>uh-fannt, <u>lh</u>uh-fannt-od.

Vowel change

troed (*f*)	foot	–	**traed**	feet
bachgen (*m*)	boy	–	**bechgyn**	boys
llygad (*f*)	eye	–	**llygaid**	eyes
maneg (*f*)	glove	–	**menig**	gloves
carreg (*f*)	stone	–	**cerrig**	stones
tŷ (*m*)	house	–	**tai**	houses
arth (*m*)	bear	–	**eirth**	bears

IMITATED PRONUNCIATION: troyd, tried; ba<u>ch</u>-ken, be<u>ch</u>-kin; <u>lh</u>uh-gad, <u>lh</u>uh-ged; mah-neg, men-ig; karr-egg, kerr-ig; tee, tie; arrth, eyrrth.

Exercise 1

Translate:

1	the man	11	a woman
2	the woman	12	a cat
3	the dog	13	a dog
4	the cat	14	a paper
5	the name	15	the boys
6	the paper	16	the stones
7	the boy	17	the fields
8	the stone	18	the names
9	the house	19	the feet
10	a man	20	the eyes

5 Forms of address

In Welsh, there are two words for 'you' – **ti** and **chi**.

The usage of **ti** and **chi** varies according to geographical and social factors, but generally, **ti** is used to refer to children and close friends, while **chi** is used in all other (formal) contexts. Unless we indicate otherwise we would like you to use **chi** in all the exercises in this book. The use of **ti** is indicated by (*fam*).

Although there are Welsh words which correspond to 'gentleman' and 'gentlewoman' – **bonheddwr** and **boneddiges** (abbreviated to **y br** and **y fns**) – they are not used in everyday speech. As in English, **Mr/Mrs** are used when addressing someone formally:

Bore da Mr Williams, sut dych chi heddiw? 'Good morning Mr Williams, how are you today?'

IMITATED PRONUNCIATION: boh-reh dah miss-tuh wil-yumz, shood ee <u>ch</u>ee he<u>dd</u>-iw?

6a Identification: the affirmative and interrogative forms

The usual word order of a Welsh sentence is:

VERB	+	SUBJECT	+	DIRECT OBJECT	+	ADVERB
Ciciodd		**y bachgen**		**y bêl**		**yn galed.**

IMITATED PRONUNCIATION: kik-yo<u>dd</u> uh ba<u>ch</u>-ken uh behl un gah-led.

Compare this with the English translation:

SUBJECT	+	VERB	+	DIRECT OBJECT	+	ADVERB
The boy		**kicked**		**the ball**		**hard.**

It is, however, possible to place any of the elements at the beginning of the sentence when it is being emphasised. This 'irregular' pattern is the norm when identifying someone or something. Here are the forms for the present tense:

Present tense

Siôn dw i	I am Siôn (John)
Siôn wyt ti	you are Siôn (*fam*)
Siôn yw e	he is Siôn
Siân yw hi	she is Siân (Jane)
Cymry dyn ni	we are Welsh (people)
Cymry dych chi	you are Welsh (people)
Cymry dyn nhw	they are Welsh (people)

IMITATED PRONUNCIATION: shohn dw ee; shohn ooy tee; shohn iw eh; shahn iw hee; kum-ree (d)ee nee; kum-ree (d)ee <u>ch</u>ee; kum-ree (d)een hoo.

> Here are the literary forms, but always remember that these are *written* forms, and are not used in everyday speech:
>
> | LITERARY FORM | IMITATED PRONUN. |
> |---------------|------------------|
> | **Siôn ydwyf i** | shohn uh-dooyv ee |
> | **Siôn wyt ti** | shohn ooy tee |
> | **Siôn yw/ydyw ef** | shohn iw/uh-diw ehv |
> | **Siân yw/ydyw hi** | shahn iw/uh diw hee |
> | **Cymry ydym ni** | kum-ree uh-dim nee |
> | **Cymry ydych chwi** | kum-ree uh-di<u>ch</u> wee |
> | **Cymry ydynt hwy** | kum-ree uh-dint hooee |

The spoken forms can be questions as well as assertions, the replies to which are **ie** 'yes' and **nage** 'no'. For example:

Siôn dych chi?	Are you Siôn?
Ie, Siôn dw i.	Yes, I'm Siôn.
Nage, nid Siôn dw i.	No, I'm not Siôn.

IMITATED PRONUNCIATION: ee-eh; nah-geh; shohn (d)ee <u>chee</u>; ee-eh, shohn dwee; nah-geh, nid shohn dwee.

Whereas in English we can reply to any question (other than a 'why?') with a simple 'yes' or 'no', in Welsh there are numerous response forms. Which to use depends on the grammatical form of the question, and we'll explain them as we go along.

IMPORTANT

In Welsh, feminine singular nouns mutate after the definite article (see **Section 3**). From now on the definite article **y** (**yr** before vowels and 'h') will be placed in front of nouns in the vocabulary. The original unmutated initial consonant will be found at the beginning of the plural. For example:
y ferch (*f*) 'the girl' <**merch** 'girl', **merched** (pl) 'girls'.

Vocabulary

yr athro (*m*)	/ˈaθro/	teacher, **athrawon** (*pl*)
yr athrawes (*f*)	/aθˈraues/	teacher, **athrawesau** (*pl*)
y plisman (*m*)	/ˈplɪsman/	policeman, **plismyn** (*pl*)
y blismones (*f*)	/plisˈmon:nes/	policewoman, **plismonesau** (*pl*)
y tafarnwr (*m*)	/tavˈarnɷr/	publican, landlord, **tafarnwyr** (*pl*)
y dafarnwraig (*f*)	/tavˈarnwrɛg/	publican, landlord, **tafarnwragedd** (*pl*)
y ffarmwr (*m*)	/ˈfarmɷr/	farmer, **ffarmwyr** (*pl*)
y dyn tân (*m*)	/diːn ˈtɑːn/	fireman, **dynion tân** (*pl*)
y myfyriwr (*m*)	/məvˈərjɷr/	student, **myfyrwyr** (*pl*)
y fyfyrwraig (*f*)	/məvˈərwrɛg/	student, **myfyrwragedd** (*pl*)
y siopwr (*m*)	/ˈʃɒpɷr/	shopkeeper, **siopwyr** (*pl*)
y cigydd (*m*)	/ˈkigɪð/	butcher, **cigyddion** (*pl*)
y plentyn (*m*)	/ˈplɛntɪn/	child, **plant** (*pl*)

IMITATED PRONUNCIATION: ath-roh, ath-raw-on; ath-raw-ess, ath-raw-ess-eh; pliss-man, pliss-min; pliss-moh-ness, pliss-moh-ness-eh; tav-arr-noorr, tav-arrn-wirr; tav-arrn-wreg, tav-arrn-wrah-ge<u>dd</u>; farr-moorr, farrm-wirr; deen-**tahn**, dun-yon-**tahn**; muh-vurr-yoorr, muh-vurr-wirr; muh-vurr-wreg, muh-vurr-wrah-ge<u>dd</u>; shop-oorr, shop-wirr; kee-gi<u>dd</u>, kee-gu<u>dd</u>-yon; plen-tin, plannt.

Here are some interrogatives which come before **yw**:

beth yw?	what is?
pwy yw?	who is?
faint yw?	how much is?
faint o'r gloch yw hi?	what time is it?

IMITATED PRONUNCIATION: beth iw; pooy iw; vyent iw; vyent ohrr glohch iw hee.

Exercise 2

Answer the following questions as under:

Gareth dych chi?	Are you Gareth?
Ie, Gareth dw i.	Yes, I'm Gareth.

1 Siôn dych chi?
2 Gareth yw e?
3 Plisman dych chi?
4 Tafarnwr yw Gareth?
5 Myfyrwraig yw Siân?

6b Identification: the negative forms

In this type of identifying sentence 'not' is expressed by putting **nid** at the beginning of the sentence:

nid Siôn dw i	I'm not Siôn
nid Siôn wyt ti	you're not Siôn (*fam*)
nid Siôn yw e	he's not Siôn
nid Siân yw hi	she's not Siân
nid Cymry dyn ni	we're not Welsh (people)
nid Cymry dych chi	you're not Welsh (people)
nid Cymry dyn nhw	they're not Welsh (people)

IMITATED PRONUNCIATION: nid shohn dwee; nid shohn ooy tee; nid shohn iw eh; nid shahn iw hee; nid kum-ree (d)ee ni; nid kum-ree (d)ee chee; nid kum-ree (d)een hooh.

Exercise 3

Answer the following questions as under:
Gareth dych chi?   Are you Gareth?
Nage, nid Gareth dw i. No, I'm not Gareth.

1 Siôn dych chi?
2 Gareth yw e?
3 Plisman dych chi?
4 Tafarnwr yw Gareth?
5 Myfyrwraig yw Siân?

Exercise 4

Translate:
1 I'm Alun.
2 Are you Enid?
3 He's not Gareth.
4 Are you a farmer?
5 They're not teachers.
6 We're boys.
7 They're lions.
8 She's Siân.
9 I'm not a fireman.
10 Is she a student?
11 Gareth isn't a policeman.
12 Are they Welsh?

Vocabulary

un	/iːn/	one
sgwrs (*f*)	/sgʊrs/	conversation, **sgyrsiau** (*pl*)
yr ymwelydd (*m*)	/əmˈwɛlið/	visitor, **ymwelwyr** (*pl*)
noswaith dda	/nɒswɛθ ˈðɑː/	good evening
beth gymerwch chi?	/ˈbeːθ gəmɛrʊχ χi/	what will you have?
y peint (*m*)	/pəint/	pint, **peintiau** (*pl*)
o (SM)	/oː/	of
cwrw (*m*)	/ˈkuːru/	beer
chwerw	/ˈχwɛru/	bitter

os gwelwch chi'n dda	/ɒs gwɛlʊχ, χiːn 'ðɑː/	please
dyna chi	/dəna 'χiː/	there you are/that's right
y bunt (f)	/pɪnt/	pound (£), **punnoedd** (pl)
y geiniog (f)	/'kəinjɒg/	penny, **ceiniogau** (pl)
tri deg	/'triː 'deːg/	thirty
diolch	/'diɒlχ/	thanks
diolch yn fawr	/diɒlχ ən 'vaur/	thanks very much
ife?	/'iːve/	is it?/are you?/etc
on'd ife?	/'ɒnd iːve/	isn't it?/aren't you?/etc
nawr	/naur/	now
ers	/ɛrs/	for (since)
pum mlynedd	/'pim mlənɛð/	five years
o hyd	/o 'hiːd/	still
eto	/'ɛto/	again
mae'n braf	/main 'brɑːv/	it's lovely
â (AM)	/a/	with
cwrdd â	/'kʊrð a/	to meet (with)
siarad â	/'ʃɑːrad a/	to talk to (with)
ond	/ɒnd/	but
rhaid i mi fynd	/r̥aid i mi 'vɪnd/	I must go
hwyl fawr	/hʊil 'vaur/	all the best
i chi	/i 'χiː/	to you
nos da	/noːs 'dɑː/	good night

IMITATED PRODUNCIATION: een; skoorss, skursh-eh; um-wel-i**dd**,
um-wel-wirr; noss-weth **dd**ah; behth gum-err-oo<u>ch</u> ee?; paint, paint-yeh;
kooh-rooh; <u>ch</u>werr-ooh; oss gwel-oo<u>ch</u> een **dd**ah; duh-na <u>ch</u>ee; pinnt,
pin-oy**dd**; cane-yog, cane-yog-eh; tree dehg; dee-ol<u>ch</u> un vawrr; ee-veh?;
ond-ee-veh?; nawrr; errss; pim lun-e**dd**; o-**heed**; et-oh; mine brahv;
koorr**dd** ah; shah-rad ah; ond; rhide ee mee vinnd; hooyl vawrr; ee-**<u>ch</u>ee**;
nohss-**dah**.

SGWRS (CONVERSATION)

A man who has recently moved back to the area in which he was brought up visits the local pub.

Tafarnwraig	Noswaith dda. Beth gymerwch chi?
Ymwelydd	Peint o gwrw chwerw, os gwelwch chi'n dda.
Tafarnwraig	Dyna chi. Punt tri deg ceiniog, os gwelwch chi'n dda.
Ymwelydd	Diolch yn fawr. Mair Ifans (d)ych chi?
Tafarnwraig	Ie, dyna chi. Iwan Dafis (d)ych chi on'd ife?
Ymwelydd	Ie, ie. Tafarnwraig (d)ych chi nawr ife?
Tafarnwraig	Ie, ers pum mlynedd. Beth (d)ych chi?
Ymwelydd	O, plisman dw i o hyd.
	... ...
Tafarnwraig	Mae'n braf cwrdd â chi eto.
Ymwelydd	Mae'n braf siarad â chi, ond rhaid i mi fynd.
Tafarnwraig	Hwyl fawr i chi nawr.
Ymwelydd	Nos da.

TRANSLATION

Publican	Good evening. What will you have?
Visitor	A pint of bitter, please.
Publican	There you are. One pound thirty (pence), please.
Visitor	Thanks very much. Are you Mair Ifans?
Publican	Yes, that's right. And you're Iwan Dafis, aren't you?
Visitor	Yes. You're a publican now are you?
Publican	Yes, for five years. What are you?
Visitor	Oh, I'm still a policeman.
	... ...
Publican	It's lovely to meet you again.
Visitor	It's lovely to talk to you, but I must go.
Publican	All the best to you now.
Visitor	Goodnight.

Lesson 2

7 The present tense of 'bod' (to be)

The word order of a typical Welsh sentence is different to English
(see **Sections 1** and **6**). In 'Siân ran a mile yesterday', the English
verb comes after the subject (Siân), whereas in a Welsh sentence
the verb (in this case **rhedodd**) comes before the subject:

VERB	SUBJECT	DIRECT OBJECT	ADVERB
Rhedodd	**Siân**	**filltir**	**ddoe.**
ran	Siân	a mile	yesterday.

IMITATED PRONUNCIATION: rhed-o<u>dd</u> shahn vi<u>lh</u>-tirr <u>dd</u>oy.

Rhedodd is an example of the inflected or short form of the verb
which consists of the stem **rhed-** (<**rhedeg** 'to run') and the
inflection **-odd** 'he/she did'.

Periphrastic (or long) forms of the verb are formed by combining
various forms of **bod** 'to be' with the infinitive (unchanged) form
of the verb, as the next example shows (**mae**, 'is'):

VERB	SUBJECT	YN +	INFINITIVE	OBJECT	ADVERB
Mae	**Siân**	**yn**	**rhedeg**	**milltir**	**nawr.**
is	Siân	running		a mile	now.

(= 'Siân is running a mile now'; don't read a question into the
word order!)

IMITATED PRONUNCIATION: my shahn un rhed-eg mi<u>lh</u>-tirr nawrr.

Again, the verb (**bod** in this case) comes first. The aspectual
marker or 'link word' **yn** (**n** after a vowel) – see **Section 9** – joins
the subject (Siân) to the infinitive 'run', and the phrase **yn
rhedeg** can be translated as 'running' or 'runs'. By substituting
wedi for **yn** the aspect is changed to the perfect:

Mae Siân	**wedi rhedeg**	**milltir.**
Siân	has run	a mile.

IMITATED PRONUNCIATION: my shahn wed-ee rhed-egg mi<u>lh</u>-tirr.

25

7a The affirmative forms

dw i'n dysgu	I am learning/I learn
rwyt ti'n dysgu	you are learning/you learn (*fam*)
mae e'n dysgu	he is learning/he learns
mae hi'n dysgu	she is learning/she learns
mae Siân yn dysgu	Siân is learning/Siân learns
mae'r plant yn dysgu	the children are learning/the children learn
dyn ni'n dysgu	we are learning/we learn
dych chi'n dysgu	you are learning/you learn
maen nhw'n dysgu	they are learning/they learn

IMITATED PRONUNCIATION: (d)ween dusk-ee; rooy teen dusk-ee; my ehn dusk-ee; my heen dusk-ee; my shahn un dusk-ee; myerr plannt un dusk-ee; (d)ee neen dusk-ee; (d)ee <u>ch</u>een dusk-ee; mine hoohn dusk-ee.

LITERARY FORMS	IMITATED PRONUN.
yr ydwyf yn dysgu	uh ruh-dooyv un dusk-ee
yr wyt yn dysgu	uh rooyt un dusk-ee
y mae yn dysgu	uh my un dusk-ee
yr ydym yn dysgu	uh ruh-dim un dusk-ee
yr ydych yn dysgu	ur uh-di<u>ch</u> un dusk-ee
y maent yn dysgu	uh myent un dusk-ee

IMPORTANT

The singular form of the verb is used with plural nouns. For example:

Mae'r plant yn darllen.	The children are reading.
Mae'r merched yn canu.	The girls are singing.
Mae'r bechgyn yn chwarae.	The boys are playing.

This construction is also used to denote the present habitual:
Dw i'n mynd i'r dref bob dydd.   I go to town every day.

IMITATED PRONUNCIATION: myerr plannt un darr-<u>lh</u>en; myerr merr-<u>ch</u>ed un kah-nee; myerr bech-kin un <u>ch</u>wah-reh; (d)ween minnd eerr dre(v) bohb dee<u>dd</u>

Vocabulary

The following words are infinitives

byw	/bɪu/	to live
darllen	/ˈdarɬɛn/	to read
dysgu	/ˈdəsgi/	to learn/to teach
gweithio	/ˈgwəiθjo/	to work
chwarae	/ˈχwɑːrɛ/	to play
meddwl	/ˈmɛðʊl/	to think
cerdded	/ˈkɛrðɛd/	to walk
rhedeg	/ˈr̥ɛdɛg/	to run
ysgrifennu (at)	/əsgrɪvˈɛni (at)/	to write (to)
peintio	/ˈpəintjo/	to paint
gyrru	/ˈgəri/	to drive
gwisgo	/ˈgwisgo/	to dress
ymolchi	/əmˈɒlχi/	to wash (oneself)
codi	/ˈkɒdi/	to get up
breuddwydio	/brəiðˈʊidjo/	to dream
mynd	/mɪnd/	to go

IMITATED PRONUNCIATION: biw; darr-<u>lh</u>en; dusk-ee; gweyth-yoh; <u>ch</u>wah-reh; me<u>dd</u>-ool; kerr-<u>dd</u>ed; rhed-egg; uss-kriv-en-ee; peynt-yoh; guh-ree; gwisk-oh; uh-mol-<u>ch</u>ee; kod-ee; brey<u>dd</u>-ooyd-yoh; minnd.

The following are adverbial phrases:

heddiw	/ˈhɛðɪu/	today
heno	/ˈhɛno/	tonight
y bore 'ma	/ə ˈborɛ ma/	this morning
y prynhawn yma	/ə prinˈhaun ma/	this afternoon
bob dydd	/boːb ˈdiːð/	every day
bob bore	/boːb ˈboːrɛ/	every morning
yn y bore	/ən ə ˈboːrɛ/	in the morning
yn y nos	/ən ə ˈnoːs/	in the evening
yn y prynhawn	/ən ə prinˈhaun/	in the afternoon
allan (NW), **ma's** (SW)	/ˈaɬan/, /mɑːs/	out
yn y tŷ	/ən ə ˈtiː/	at home (*literally* 'in the house')
yn y gwaith	/ən ə ˈgwaiθ/	at work
yn y dref	/ən ə ˈdreː(v)/	in town
i'r dref	/iːr ˈdreː(v)/	to town

IMITATED PRONUNCIATION: he<u>dd</u>-iw; hen-oh; uh boh-reh ma; uh prin-**hawn** ma; bohb-**dee<u>dd</u>**; bohb-boh-reh; un-uh-boh-reh; un-uh-**nohss**; un-uh-prin-**hawn**; a<u>lh</u>-ann, mahss; un-uh-**tee**; un-uh-**gwayth**; un-uh-**dreh(v)**; eer-**dreh(v)**.

Exercise 5

Translate:
1 I'm writing.
2 He is thinking.
3 They are getting up.
4 Siân goes to town every day.
5 She works at home.
6 We play in the afternoon.
7 The children are working.
8 You are talking.
9 The girls are painting.
10 I'm dreaming.

7b The interrogative forms

ydw i'n dysgu?	am I learning/do I learn?
wyt ti'n dysgu?	are you learning/do you learn? (*fam*)
ydy e'n dysgu?	is he learning/does he learn?
ydy hi'n dysgu?	is she learning/does she learn?
ydy Siân yn dysgu?	is Siân learning/does Siân learn?
ydy'r plant yn dysgu?	are the children learning/do the children learn?
ydyn ni'n dysgu?	are we learning/do we learn?
ydych chi'n dysgu?	are you learning/do you learn?
ydyn nhw'n dysgu?	are they learning/do they learn?

IMITATED PRONUNCIATION: uh-dween dusk-ee; ooy teen dusk-ee; uh-dee ehn dusk-ee; uh-dee heen dusk-ee; uh-dee shahn un dusk-ee; uh-deer plannt un dusk-ee; uh-din een dusk-ee; uh-dee <u>ch</u>een dusk-ee; uh-deen hoon dusk-ee.

LITERARY FORMS	IMITATED PRONUN.
a ydwyf yn dysgu?	a uh-dooyv un dusk-ee
a wyt yn dysgu?	a ooyt un dusk-ee
a yw/a ydyw yn dysgu?	a iw/a uh-diw un dusk-ee
a ydym yn dysgu?	a uh-dim un duskee
a ydych yn dysgu?	a uh-di<u>ch</u> un dusk-ee
a ydynt yn dysgu?	a uh-dint un dusk-ee

There is no one word for 'yes' or 'no' in Welsh. A question is usually answered with the appropriate personal form of the verb; one of the exceptions to this is the emphatic sentence (see **Section 6a**).

The replies to the above questions are as follows:

ydw	yes, I am/do	**nac ydw**	no, I am not/don't
wyt	yes, you are/do	**nac wyt**	no, you are not/don't
ydy	yes, he/she/it is/ does	**nac ydy**	no, he/she/it is not/doesn't
ydyn	yes, we are/do	**nac ydyn**	no, we are not/don't
ydych	yes, you are/do	**nac ydych**	no, you are not/don't
ydyn	yes, they are/do	**nac ydyn**	no, they are not/don't

IMITATED PRONUNCIATION: uh-doo, nah (guh-)dooh; ooyt, nah gooyt; uh-dee, nah (guh-)dee; uh-din, nah (guh-)din; uh-di<u>ch</u>, nah (guh-)di<u>ch</u>; uh-din, nah (guh-)din.

Very often the affirmative replies are repeated to show emphasis:

Ydych chi'n gweithio nawr?   Are you working now?
Ydw, ydw.   Yes, yes.

Exercise 6

Answer the following questions affirmatively:
1 Ydych chi'n cerdded bob dydd?
2 Ydy'r plant wedi codi?
3 Ydy Helen yn gweithio yn y tŷ?
4 Ydy'r athro yn siarad?
5 Ydw i'n breuddwydio?
6 Wyt ti'n mynd i'r dref heddiw?
7 Ydyn ni'n mynd allan heno?

8 Ydych chi'n rhedeg bob dydd?
9 Ydy Siân yn ymolchi?
10 Ydy'r bechgyn yn chwarae?

Here are some interrogatives which use **mae** in the third person singular:

ble mae?	where is?
pam mae?	why is?
sut mae?	how is?

IMITATED PRONUNCIATION: bleh my; pam eye; shood my.

7c The negative forms

dw i ddim yn dysgu	I am not learning/I don't learn
dwyt ti ddim yn dysgu	you are not learning/you don't learn (*fam*)
dyw e ddim yn dysgu	he is not learning/he doesn't learn
dyw hi ddim yn dysgu	she is not learning/she doesn't learn
dyw Siân ddim yn dysgu	Siân is not learning/Siân doesn't learn
dyw'r plant ddim yn dysgu	the children are not learning/the children don't learn
dyn ni ddim yn dysgu	we are not learning/we don't learn
dych chi ddim yn dysgu	you are not learning/you don't learn
dyn nhw ddim yn dysgu	they are not learning/they don't learn

IMITATED PRONUNCIATION: dwee ddim un dusk-ee; dooy tee ddim un dusk-ee; diw eh ddim un dusk-ee; diw hee ddim un dusk-ee; diw shahn ddim un dusk-ee; diwrr plannt ddim un dusk-ee; dee nee ddim un dusk-ee; dee chee ddim un dusk-ee; deen hooh ddim un dusk-ee.

LITERARY FORMS	IMITATED PRONUN.
nid ydwyf yn dysgu	nid uh-dooyv un duskee
nid wyt yn dysgu	nid ooyt un duskee
nid yw/ydyw'n dysgu	nid iw/uh-diwn duskee
nid ydym yn dysgu	nid uh-dim un duskee
nid ydych yn dysgu	nid uh-dich un duskee
nid ydynt yn dysgu	nid uh-dint un duskee

Exercise 7

Translate:
1 I'm not writing.
2 He is not thinking.
3 They are not getting up.
4 Siân doesn't go to town every day.
5 She doesn't work at home (in the house).
6 We do not play in the afternoon.
7 The children are not working.
8 You are not talking.
9 The girls are not painting.
10 I'm not dreaming.

8 Adjectives

The adjective generally comes after the noun in Welsh:

bachgen da   a good boy
ci mawr   a big dog
pentref bach   a small village

IMITATED PRONUNCIATION: ba<u>ch</u>-ken dah; kee mawrr; pen-tre(v) bah<u>ch</u>.

All the above are masculine nouns, and so no change occurs to the adjective. However, adjectives preceded by feminine nouns suffer soft mutation:

merch dda   a good girl
cath fawr   a big cat
tref fach   a small town

IMITATED PRONUNCIATION: mer<u>ch</u> <u>dd</u>ah; kahth vawrr; tre(v) vah<u>ch</u>.

In literary Welsh especially, 'y' and 'w' become 'e' and 'o' respectively in adjectives following a feminine singular noun (in addition to suffering soft mutation). For example:

MASCULINE		FEMININE	
ceffyl gwyn	a white horse	**caseg wen**	a white mare
bachgen gryf	a strong boy	**merch gref**	a strong girl
car melyn	a yellow car	**lori felen**	a yellow lorry

pecyn trwm	a heavy package	**bord drom**	a heavy table
mynydd llwm	a desolate mountain	**gwlad lom**	a desolate country

IMITATED PRONUNCIATION: keff-il gwinn; kass-egg wen; ba<u>ch</u>-gen kreev; mer<u>ch</u> grehv; karr mel-in; lorr-ee vel-en; pek-in troom; bord drom; muh-ni<u>dd</u> <u>lh</u>oom; gwlahd lom.

After plural nouns the original, unmutated form occurs:

MASCULINE		FEMININE	
bechgyn da	good boys	**merched da**	good girls
cŵn mawr	big dogs	**cathod mawr**	big cats
pentrefi bach	small villages	**trefi bach**	small towns

★★★IMPORTANT★★★

Although the use of plural adjectives is rare in both spoken and literary Welsh, they are used as collective nouns. Here are some of the most common:

enwog 'famous'	**yr enwogion**	the famous
cyfoethog 'rich'	**y cyfoethogion**	the rich
tlawd 'poor'	**y tlodion**	the poor
dall 'blind'	**y deillion**	the blind

IMITATED PRONUNCIATION: en-wog, en-wog-yon; kuh-voy-thog, kuh-voyth-og-yon; tlawd, tlod-yon; da<u>lh</u>, dey<u>lh</u>-yon.

If the adjective comes before a noun, the noun suffers soft mutation:

hen dŷ	old house	(<**tŷ** 'house')
gwahanol bethau	different things	(<**pethau** 'things')

IMITATED PRONUNCIATION: hehn dee; gwa-hah-nol beth-eh.

The adjective **unig** changes the meaning of the phrase in which it occurs, depending on whether it comes before or after the noun:

unig blentyn	only child
plentyn unig	lonely child

IMITATED PRONUNCIATION: een-ig blent-in; plent-in een-ig.

Vocabulary

y mab (*m*)	/mɑ:b/	son, **meibion** (*pl*)	/ˈməibjon/
y ferch (*f*)	/mɛrχ/	girl, daughter, **merched** (*pl*)	/ˈmɛrχɛd/
y tad (*m*)	/tɑ:d/	father, **tadau** (*pl*)	/tɑ:dɛ/
y fam (*f*)	/mam/	mother, **mamau** (*pl*)	/ˈmamɛ/
y brawd (*m*)	/braud/	brother, **brodyr** (*pl*)	/ˈbrɒdɪr/
y chwaer (*f*)	/χwair/	sister, **chwiorydd** (*pl*)	/χwiˈɒrɪð/
da	/dɑ:/	good	
drwg	/dru:g/	bad, naughty	
pert	/pɛrt/	pretty	

IMITATED PRONUNCIATION: mahb, meyb-yon; merr<u>ch</u>, merr<u>ch</u>-ed; tahd, tah-deh; mam, mam-eh: brawd, brod-irr; <u>ch</u>wyerr, <u>ch</u>wee-orr-i<u>dd</u>; dah; droohg; perrt.

Exercise 8

Translate:
1 a good mother
2 the naughty brother
3 pretty sisters
4 the bad son
5 a good sister

9 'Yn'

In Welsh, the word **yn** has four grammatical functions:

(i) As an aspectual marker in the periphrastic construction of **bod** (check back to **Section 7** if you've forgotten what this means). For example:

Mae Siân yn darllen.   Siân is reading/Siân reads.
Mae'r plant yn canu.   The children are singing/The
                           children sing.

(ii) As a predicative marker, which causes the <u>soft mutation</u>. For example:

Mae Siôn yn blisman. (<**plisman** 'policeman') Siôn is a
  policeman. (NOUN)

Mae Siôn yn dda. (<**da** 'good') Siôn is good. (ADJECTIVE)

The letters which are mutated in this case are:

p	**>**	**b**		**b**	**>**	**f**	**m > f**
t	**>**	**d**		**d**	**>**	**dd**	
c	**>**	**g**		**g**	**>**	**–**	

(iii) As an adverbial marker, turning an adjective into an adverb, which causes the <u>soft mutation</u> as in (ii) above. For example:

Mae'r plant yn darllen <u>yn gyflym</u>. (<**cyflym** 'quick')
The children read quickly.
Mae'r ferch yn darllen <u>yn dawel</u>. (<**tawel** 'quiet')
The girl is reading quietly.

(iv) As a preposition which corresponds to 'in', and which causes the <u>nasal mutation</u> (see **Section 1**). For example:

Dw i'n byw <u>yng Nghymru</u>.   I live in Wales.
tad-<u>yng-nghyfraith</u>   father-in-law

IMITATED PRONUNCIATION: my shahn un darr-<u>lh</u>en; myerr plannt un kah-nee; my shohn un bliss-man; my shohn un <u>dd</u>ah; myerr plannt un dar<u>lh</u>-en un guv-lim; myerr verch un darlh-en un daw-el; (d)ween biw ung hum-ree; tahd-ung-huh-vreth.

Vocabulary

All the following words are adjectives:

tal	/tal/	tall
byr	/bɪr/	short
sâl	/sɑ:l/	ill
prysur	/ˈprəsɪr/	busy
diflas	/ˈdɪvlas/	miserable
siriol	/ˈsɪrjɒl/	cheerful
hapus	/ˈhapɪs/	happy
trist	/trɪsd/	sad
twym	/tʊim/	warm
oer	/ɒɪr/	cold

IMITATED PRONUNCIATION: tal; birr; sahl; pruss-irr; div-lass; sirr-yol; hap-iss; trisst; tooym; oyrr.

Exercise 9

Translate:
1 I'm ill.
2 He is tall.
3 They are short.
4 Siân is busy.
5 She is warm.
6 We are miserable.
7 The children are naughty.
8 You are cheerful.
9 The girls are sad.
10 I'm happy.

10 The weather

Being so changeable in Wales, the weather is nearly always
mentioned at some point in a conversation. It is very often used
to start a conversation in Welsh, after the greeting **sut mae?** or
sut dych chi? Therefore, there is no need to mention the
weather by name, and as in English, the pronoun is used in its
place. However, as there is no word for 'it' in Welsh, **hi** 'she' is
used:

Mae hi'n oer heddiw.   It is cold today.

which is usually contracted to:

Mae'n oer heddiw.   It's cold today.

IMITATED PRONUNCIATION: my heen oyrr he<u>dd</u>-iw; mine oyrr he<u>dd</u>-iw.

Vocabulary

braf	/brɑ:v/	fine (*does not mutate*)
cymylog	/kəmˈəlɒg/	cloudy
gwyntog	/ˈgwɪntɒg/	windy
gwlyb	/gwli:b/	wet
niwlog	/ˈnɪulɒg/	foggy, misty
stormus	/ˈsdɒrmɪs/	stormy
bwrw (glaw)	/buru (ˈglau)/	to rain
bwrw eira	/buro ˈəira/	to snow

| **bwrw cesair** | /buru ˈkɛsɛr/ | to hail |
| **bwrw eirlaw** | /buru ˈəirlau/ | to sleet |

IMITATED PRONUNCIATION: brahv; kuh-muh-log; gwinnt-og;
g(w)leeb; niw-log; storr-miss; booh-rooh (glaw); booh-rooh eyrr-ah;
booh-rooh kess-err; booh-rooh eyrr-law.

Exercise 10

*Mutate the word in brackets if necessary – remember that infinitives do not mutate after **yn**, neither does **braf**:*

1 Mae hi'n _____. (cymylog) It's cloudy.
2 Mae hi'n _____. (bwrw glaw) It's raining.
3 Mae hi'n _____. (braf) It's fine.
4 Mae hi'n _____. (gwlyb) It's wet.
5 Mae hi'n _____. (bwrw eira) It's snowing.
6 Mae'n _____. (gwyntog) It's windy.
7 Mae'n _____. (diflas) It's miserable.
8 Mae'n _____. (bwrw cesair) It's hailing.

Exercise 11

Translate:
1 It's fine.
2 Is it raining?
3 It isn't windy.
4 It's snowing.
5 Is it foggy?
6 It isn't cloudy.

11 Indefinite nouns

In an affirmative expression in the present tense, **mae** is the form of **bod** preceding a definite noun (proper nouns such as people's names and place names, or ordinary nouns preceded by 'the') and an indefinite noun:

DEFINITE

Mae Siôn yn y tŷ.   Siôn is in the house.
Mae'r bachgen yn y tŷ.   The boy is in the house.
Mae'r bechgyn yn y tŷ.   The boys are in the house.

INDEFINITE

Mae bachgen yn y tŷ.   There is a boy in the house.
Mae bechgyn yn y tŷ.   There are boys in the house.

In questions, **oes** is the form used with indefinite nouns:

Oes bachgen yn y tŷ?   Is there a boy in the house?
Oes bechgyn yn y tŷ?   Are there boys in the house?

The answer to each of these is either **oes** 'yes' or **nac oes** 'no'.

IMITATED PRONUNCIATION: oyss ba<u>ch</u>-ken un uh tee; oyss
be<u>ch</u>-kin un uh tee; nah goyss.

The negative form is **does dim**:

Does dim bachgen yn y tŷ.   There isn't a boy in the house.
Does dim bechgyn yn y tŷ.   There aren't any boys in the house.

IMITATED PRONUNCIATION: doyss dim ba<u>ch</u>-ken un uh tee; doyss dim
be<u>ch</u>-kin un uh tee.

In spoken Welsh the negative is often shortened to **'sdim**:

'Sdim bachgen yn y tŷ.
'Sdim bechgyn yn y tŷ.

Vocabulary

y te (*m*)	/te:/	tea	
y coffi (*m*)	/ˈkɒfi/	coffee	
y llaeth (*m*)	/ɬaiθ/	milk	
y siwgr (*m*)	/ˈʃuːgʊr/	sugar	
yr hufen (*f*)	/ˈhiːvɛn/	cream	
y cwpan (*m*)	/ˈkʊpan/	cup, **cwpanau** (*pl*)	/kʊpˈɑːnɛ/
y soser (*f*)	/ˈsɒsɛr/	saucer, **soseri** (*pl*)	/sɒsˈɛri/
y llwy (*f*)	/ɬʊi/	spoon, **llwyau** (*pl*)	/ˈɬʊiɛ/
y gyllell (*f*)	/ˈkəɬɛɬ/	knife, **cyllyll** (*pl*)	/ˈkəɬɪɬ/
y fforc (*f*)	/fɔrk/	fork, **ffyrc** (*pl*)	/fɪrk/

y jwg (*f*)	/jʊg/	jug, **jygiau** (*pl*)	/ˈjəgjɛ/
y tebot (*m*)	/ˈtɛbɒt/	teapot, **tebotiaid** (*pl*)	/tɛbˈɒtjɛd/
y menyn (*m*)	/ˈmɛnɪn/	butter	
y bara (*m*)	/ˈbɑːra/	bread	
lle (*m*)	/ɬeː/	place, **llefydd**	/ˈɬɛvɪð/
yma	/ˈəma/	here	
yna	/ˈəna/	there	
ar ôl	/ar ˈoːl/	left (behind)	

IMITATED PRONUNCIATION: teh; koff-ee; <u>lh</u>yeth; shooh-goorr; hee-ven; koop-ann, koop-ah-neh; soss-err, soss-err-ee; <u>lh</u>ooy, <u>lh</u>ooy-eh; kuh-<u>lhelh</u>, kuh-<u>lhilh</u>; forrk, firrk; joog, jug-eh; teb-ot, teb-ot-yed; men-in; bah-ra; <u>lh</u>eh, <u>lh</u>ev-i<u>dd</u>; uh-ma; uh-na; arr-**ohl**.

Exercise 12

*Fill in the gaps with the appropriate forms of **bod**. For example:*
_____ menyn ar y ford? = **Oes** menyn ar y ford?

1	_____ coffi yma?	(Is there any coffee here?)
2	_____ dim menyn ar ôl.	(There's no butter left.)
3	_____ Siân yna?	(Is Siân there?)
4	_____ bara ar ôl.	(There's some bread left.)
5	_____ llaeth yn y jwg?	(Is there any milk in the jug?)
6	_____ dim te yma.	(There's no tea here.)
7	_____ 'r bechgyn ddim yna.	(The boys are not there.)

Exercise 13

Translate:
1 Is there any tea left?
2 There's no milk in the jug.
3 Is Siân here?
4 There's tea in the teapot.
5 Are the boys there?
6 There's no bread left.

Vocabulary

dau (SM)	/dai/	two
y gweinidog (*m*)	/gwəin'i:dɒg/	minister, **gweinidogion** (*pl*) /gwəinid'ɒgjɒn/
dewch	/dɛuχ/	come (see **Section 48**)
dere	/'de:rɛ/	come (*fam*) (see **Section 48**)
at	/at/	to, towards
y ford (*f*)	/bɒrd/	table, **bordydd** (pl) /'bɒrdɪð/
galwch fi	/'gɑ:lʊχ vi:/	call me (see **Section 48**)
ble?	/ble:/	where? (question)
y stryd (*f*)	/sdri:d/	street, **strydoedd** (*pl*) /'sdrədɒɪð/
y bont (*f*)	/pɒnt/	bridge, **pontydd** (*pl*) /'pɒntɪð/
hoffi	/'hɒfi/	to like
caredig	/kar'ɛdig/	kind
cryf	/kri:v/	strong
neu (SM)	/nəi/	or
gwan	/gwan/	weak
fel mae'n dod	/vɛl main 'do:d/	as it comes
digon	/'di:gɒn/	enough
eithaf	/'əiθa(v)/	quite
gymerwch chi...?	/gəmɛrʊχ χi/	will you take...? (see **Section 47**)
y fisgïen (*f*)	/bɪʃ'gi:ɛn/	biscuit, **bisgedi** (*pl*) /bɪʃ'gɛdi/
llond tebot	/ɬɒnd 'tɛbɒt/	a teapotful
nawr 'te	/'naur tɛ/	now then
beth?	/be:θ/	what?
unrhyw (SM)	/'ɪnrɪu/	any
newyddion (*pl*)	/nɛu'əðjɒn/	news

IMITATED PRONUNCIATION: die; skoorss, skursh-eh; gwey-nee-dog, gwey-nee-dog-yon; dew<u>ch</u>; deh-re; at; borrd, borrd-i<u>dd</u>; gah-loo<u>ch</u> vee; bleh; streed, struh-doy<u>dd</u>; ponnt, ponnt-i<u>dd</u> hoff-ee; karr-ed-ig; kreev; ney; gwann; vel mine dohd; dee-gon; ey-tha(v); guh-merr-oo<u>ch</u> ee; bish-kee-en; bish-ke-di; <u>lh</u>ond teb-ot; **nawrr**-teh; behth; un-riw; new-u<u>dd</u>-yon.

SGWRS (CONVERSATION)

Iwan is invited to have tea with the minister, Mr Jones, and his wife after chapel on a Sunday evening.

Gweinidog	Dewch at y ford, Mr Dafis.
Iwan	Galwch fi Iwan, os gwelwch chi'n dda.
Mrs Jones	Ble (d)ych chi'n byw nawr Iwan?
Iwan	Yn Stryd y Bont.
Gweinidog	Ydych chi'n hoffi byw yna?
Iwan	Ydw. Mae Mrs Puw y landledi yn garedig iawn.
Mrs Jones	Sut dych chi'n hoffi eich te, yn gryf neu yn wan?
Iwan	Fel mae'n dod, Mrs Jones.
Mrs Jones	Oes digon o laeth yn hwn?
Iwan	Oes, diolch, eitha(f) digon.
Mrs Jones	Gymerwch chi fisgïen?
Iwan	Diolch yn fawr. Oes te ar ôl?
Mrs Jones	Oes, llond tebot.
Gweinidog	Nawr 'te, oes unrhyw newyddion gyda chi?

TRANSLATION

Minister	Come to the table, Mr Dafis.
Iwan	Please call me Iwan.
Mrs Jones	Where do you live now?
Iwan	In Bridge Street.
Minister	Do you like living there?
Iwan	Yes. Mrs Puw the landlady is very kind.
Mrs Jones	How do you like your tea, strong or weak?
Iwan	As it comes, Mrs Jones.
Mrs Jones	Is there enough milk in it (this one)?
Iwan	Yes thanks, quite enough.
Mrs Jones	Will you have a biscuit?
Iwan	Thanks very much. Is there any tea left?
Mrs Jones	Yes, a (tea)potful.
Minister	Now then, have you got any news?

Lesson 3

12 Locative adverbs

In Welsh there are special words which locate one or more objects in relation to the speaker:

dyma – here is/are
dyna – there is/are
dacw – yonder is/are

For example:

Dyma'r bachgen.	Here's the boy.
Dyna'r bachgen.	There's the boy.
Dacw'r bachgen.	Yonder is the boy.

IMITATED PRONUNCIATION: duh-ma; duh-na; dak-ooh; duh-marr bach-ken; duh-narr bach-ken; dak-oohrr bach-ken.

When used with an indefinite noun (i.e. any noun prefaced by 'a', 'an', 'some'), all three locative adverbs cause the soft mutation (which includes 'rh' > 'r' and 'll' > 'l'):

Dyma raw.	Here is a spade.	(<**rhaw**)
Dyna lwy.	There is a spoon.	(<**llwy**)
Dacw fachgen.	Yonder is a boy.	(<**bachgen**)

Dyna can also mean 'that's', or 'how' in phrases like:

Dyna hyfryd.	That's nice.	
Dyna falch yw e.	How proud he is.	(<**balch**)

IMITATED PRONUNCIATION: duh-ma raw; duh-na looy; dak-ooh vach-ken; duh-na huh-vrid; duh-na valch iw eh.

In speech **dyma**, **dyna** and **dacw** are usually shortened to **'ma**, **'na** and **'co** respectively.

To turn statements with **dyma**, **dyna** or **dacw** into questions, **ai** is placed in front of the locative adverb (in South Wales the spoken equivalent is **ife**):

Ai dyma'r ffordd?	Is this the way?
Ai dyna'r gwir?	Is that the truth?
Ai (Ife) dacw Gaerdydd?	Is that Cardiff yonder?

The answers to such questions are **ie** 'yes' and **nage** 'no'.

To negate a statement with **dyma**, **dyna** or **dacw** in it, **nid** is placed in front of the pronoun:

Nid dyma'r ffordd.	This isn't the way.
Nid dyna'r gwir.	That's not the truth.
Nid dacw Gaerdydd.	That's not Cardiff yonder.

IMITATED PRONUNCIATION: eye [nid] duh-marr for<u>dd</u>; eye [nid] duh-narr gweerr; eye (ee-veh) [nid] dak-ooh gayrr-**dee<u>dd</u>**.

Exercise 14

Translate:
1 Here's a spoon.
2 There's the teacher (male).
3 Yonder is the pub.
4 Is this the place?
5 That's not the man.
6 Here are the children.
7 Is that the truth?
8 That's not the way.

13 The present relative form of 'bod'

In Welsh, **sydd** corresponds to 'who is/are', 'that is/are', 'which is/are'. It is usually contracted to **sy** before **yn**, and written **sy'n**.

Dyma'r bachgen sy'n ennill.	Here's the boy who's winning/ who wins.
Dyna'r car sy'n ennill.	That's the car that's winning/that wins.
Dyma'r bechgyn sy'n ennill.	Here are the boys who are winning/ who win.
Dyna'r ceir sy'n ennill.	There are the cars which are winning/ which win.

IMITATED PRONUNCIATION: see<u>dd</u>; duh-marr ba<u>ch</u>-ken seen en-i<u>lh</u>; duh-narr karr seen en-i<u>lh</u>; duh-marr be<u>ch</u>-kin seen en-i<u>lh</u>; duh-narr kayrr seen en-i<u>lh</u>.

The present perfect is expressed by substituting **wedi** for **yn**:

Dyma'r bachgen sydd wedi ennill.	Here's the boy who's won.
Dyna'r car sydd wedi ennill.	That's the car that's won.
Dyma'r bechgyn sydd wedi ennill.	Here are the boys who've won.
Dyna'r ceir sydd wedi ennill.	There are the cars which have won.

IMITATED PRONUNCIATION: duh-marr ba<u>ch</u>-ken see<u>dd</u> wed-ee en-i<u>lh</u>; duh-narr kar see<u>dd</u> wed-ee en-i<u>lh</u>; duh-marr be<u>ch</u>-kin see<u>dd</u> wed-ee en-i<u>lh</u>; duh-narr kayrr see<u>dd</u> wed-ee en-i<u>lh</u>.

In spoken Welsh, the negative form is **sydd ddim** (IP: see <u>dd</u>im):

Dyma'r bachgen sydd ddim yn ennill.	Here's the boy who isn't winning.
Dyna'r car sydd ddim yn ennill.	That's the car which isn't winning.
Dyna'r ceir sydd ddim wedi ennill.	There are the cars which haven't won.

Vocabulary

miniog	/ˈmɪnjɒg/	sharp
crac	/krak/	angry
bwyta	/ˈbʊita/	to eat
y cig (*m*)	/kiːg/	meat
rhywun	/ˈr̥ɪuɪn/	someone
adnabod	/(ad)ˈnɑːbɒd/	to know (a person, place)
gwybod	/ˈgwiːbɒd/	to know (a fact)
rygbi (*m*)	/ˈrəgbi/	rugby

IMITATED PRONUNCIATION: min-yog; krak; booy-ta; keeg; rhiw-in; (ad)nah-bod; gwee-bod; rug-bee.

Exercise 15

Translate:

1 Here's the boy who knows.
2 There are the girls who are working.
3 Here are the knives which are sharp.
4 That's the policeman who is angry.
5 Here's a man who doesn't eat meat.
6 Do you know someone who plays rugby?

14 Prefixed pronouns

In Welsh the personal prefixed pronouns are as follows:

fy	(+ nasal mutation)	my	
dy	(+ soft mutation)	your (*fam*)	
ei	(+ soft mutation)	his	
ei	(+ aspirate mutation)	her	(**h** before a vowel)
ein		our	(**h** before a vowel)
eich		your	
eu		their	(**h** before a vowel)

IMITATED PRONUNCIATION: vuh (usually pronounced **un** in spoken Welsh); duh; ey (usually **ee** in spoken Welsh); ay (usually **ee** in spoken Welsh); ayn (usually **un** in spoken Welsh); ay<u>ch</u> (usually **u<u>ch</u>** in spoken Welsh); ay (usually **ee** in spoken Welsh). By 'spoken Welsh' we mean the Welsh heard in everyday conversation, not the literary form or how it should sound when being read.

Vocabulary

yr ewyrth (*m*)	/ˈɛuɪrθ/	uncle, **ewyrthod** (*pl*)	/ɛuˈərθɒd/
y broblem (*f*)	/ˈprɒblɛm/	problem, **problemau** (*pl*)	/prɒbˈlɛmɛ/
y car (*m*)	/kar/	car, **ceir** (*pl*)	/kəir/
y camera (*m*)	/ˈkamɛra/	camera, **camerâu** (*pl*)	/kamɛrˈai/
y ddesg (*f*)	/dɛsg/	desk, **desgiau** (*pl*)	/ˈdɛsgjɛ/
y gadair (*f*)	/ˈkɑːdɛr/	chair, **cadeiriau** (*pl*)	/kadˈəirjɛ/

IMITATED PRONUNCIATION: ew-irrth; ew-urrth-od; prob-lem; prob-lem-eh; karr; kayrr; **kam**-err-a, kam-er-**rye**; desk; desk-yeh; kah-derr; kah-deyrr-yeh.

Exercise 16

Mutate the first letter of the word following each prefixed pronoun. For example: **fy** + **tad** = **fy nhad** (my father)

1 fy   problem
2 dy   car
3 ei (his)   brawd
4 ein   ewyrth
5 ei (her)   camera
6 fy   desg
7 dy   cadair
8 eu   athrawes

Exercise 17

Translate:

1 my brother
2 her chair
3 our teacher (*m*)
4 your car (*fam*)
5 his desk
6 their uncle
7 my cat
8 your problem (*fam*)

The Welsh word for 'self' is **hunan** (**hun** in North Wales). The reflexive pronouns 'myself', 'yourself', 'himself', etc. are formed by putting the appropriate prefixed pronoun in front of **hunan** (plural: **hunain**). For example:

fy hunan 'myself'; **eich hunan** 'yourself'; **ein hunain** 'ourselves'; **eu hunain** 'themselves'.

IMITATED PRONUNCIATION: vuh (un) heen-ann; u<u>ch</u> een-ann; un heen-en; ee heen-en.

15 The nominative clause

In the present and imperfect tenses the nominative, or 'that'-clause, is represented by **bod** itself:

Dw i'n gwybod bod y nofel yn dda.   I know that the novel is good.

IMITATED PRONUNCIATION: dween gwee-bod bohd uh nov-el un dd̲ah.

However, you shouldn't think of **bod** as being a direct translation of 'that'. It is possible to leave the 'that' out of the English sentence, and it will still make sense: 'I know the novel is good'.

But **bod** is an integral part of the corresponding Welsh sentence, taking the place of the personal form **mae**:

Dw i'n gwybod. + Mae'r nofel yn dda. > Dw i'n gwybod bod y nofel yn dda.

Personal forms of the 'that'-clause are formed by combining prefixed pronouns and **bod**:

Dw i'n gwybod fy mod i'n mynd.   I know that I'm going.
Mae e'n gwybod ei fod e'n mynd.   He knows that he is going.

IMITATED PRONUNCIATION: dween gwee-bod vuh moh deen minnd; my ehn gwee-bod ee voh dehn minnd.

Often the prefixed pronoun itself (**fy** and **ei** in our examples) isn't heard in spoken Welsh, but the mutation it causes remains:

Dw i'n gwybod mod i'n mynd.
Mae e'n gwybod fod e'n mynd.

The personal forms are as follows:

fy mod i	that I am/was
dy fod ti	that you are/were (*fam*)
ei fod e	that he is/was
ei bod hi	that she is/was
bod y plentyn	that the child is/was
bod y plant	that the children are/were
ein bod ni	that we are/were
eich bod chi	that you are/were
eu bod nhw	that they are/were

IMITATED PRONUNCIATION: (vu) moh dee; (du) voh tee; (ee) voh deh; (ee) bohd hee; bohd uh plen-tin; bohd uh plannt; (un) bohd nee; (u<u>ch</u>) bohd <u>ch</u>ee; (ee) bohd nhooh.

In speech the 'that'-clause is negated simply by adding the negative particle **ddim**:

Dw i'n gwybod fy mod i ddim yn mynd.
Mae e'n gwybod ei fod e ddim yn mynd.

IMITATED PRONUNCIATION: (d)ween gwee-bod (vuh) moh dee <u>dd</u>im un minnd; my en gwee-bod (ee) voh deh <u>dd</u>im un minnd.

Vocabulary

cystadlu	/kəs'dadli/	to compete
pawb	/paub/	everyone
iawn	/jaun/	right, correct
credu	/'krɛdi/	to believe
dod	/do:d/	to come

IMITATED PRONUNCIATION: kuss-tad-lee; pawb; yawn; kred-ee; dohd.

Exercise 18

*Fill the following gaps with the appropriate forms of **bod**:*

1 Dw i'n gwybod eich _____ chi'n dda.
 I know that you are good.
2 Dyn ni'n gwybod ei _____ e'n mynd.
 We know that he is going.
3 Dw i'n gwybod ein _____ ni'n chwarae heno.
 I know that we are playing tonight.
4 Maen nhw'n gwybod ei _____ hi'n dda.
 They know that she is good.
5 Maen nhw'n gwybod eu _____ nhw'n cystadlu.
 They know that they are competing.
6 Mae pawb yn gwybod dy _____ ti'n dod.
 Everyone knows that you are coming.
7 Dych chi'n gwybod fy _____ i'n iawn.
 You know that I'm right.

8 Dw i'n credu _____ Alun yn dod.
I think that Alun is coming.

Exercise 19

Translate:
1 He knows that I'm right.
2 I think (believe) that he knows.
3 We know that the children are naughty.
4 I believe that everyone is coming.
5 They know that they are good.
6 We believe that you are right.
7 Everyone knows that she is competing.
8 They think (believe) that we are coming.

16 The emphatic nominative clause

In a sentence like 'Gareth is a teacher' Gareth is the <u>subject</u> and 'a teacher' is the <u>identifying predicate</u>, i.e. 'a teacher' describes what Gareth is. In Welsh there are two ways of expressing such a sentence:

1 **Mae Gareth yn athro.**
2 **Athro yw Gareth.**

The second sentence emphasises the fact that Gareth is a teacher rather than a policeman or a steelworker, etc.. However, if we wish to turn them into nominative clauses, the **mae** in the first sentence is replaced by **bod** while the emphatic conjunction **mai** (**taw** in South Wales) is placed in front of the second:

Dwi i'n gwybod bod Enfys yn athrawes.	I know that Enfys is a teacher.
Dw i'n gwybod mai athrawes yw Enfys.	I know that Enfys is a *teacher*.

IMITATED PRONUNCIATION: (d)ween gwee-bod bod en-viss un athraw-ess; (d)ween gwee-bod my ath-raw-ess iw en-viss.

Vocabulary

gorau	/'goːrɛ/	best
hynny	/'hǝni/	that (abstract)
gwir	/gwiːr/	true
efallai	/(ɛ)'vaɬɛ/	perhaps
dweud (wrth)	/'dwǝid (ωrθ)/	to tell, to say to
mynd i ennill	/mɪnd i 'ɛnɪɬ/	going to win
y tîm (*m*)	/tiːm/	team, **timau** (*pl*) /'tiːmɛ/
wedi mynd	/wɛdi 'mɪnd/	have/has gone

IMITATED PRONUNCIATION: goh-reh; huh-nee; gweerr; (e)va<u>lh</u>-eh; dweyd (oorrth); minnd ee en-i<u>lh</u>; teem; teem-eh; wed-ee minnd.

Exercise 20

*Fill the gaps in the following sentences with either **bod** or **mai**:*

1 Dw i'n gwybod _____ Alun yn athro da.
 I know that Alun is a good teacher.
2 Dw i'n credu _____ Mair yw'r athrawes orau.
 I think that Mair is the best teacher.
3 Efallai _____ hynny'n wir.
 Perhaps that's true.
4 Maen nhw'n dweud _____ Llanelli yn mynd i ennill.
 They say that Llanelli is going to win.
5 Mae pawb yn gwybod _____ Caerdydd yw'r tîm gorau.
 Everyone knows that Cardiff is the best team.
6 Dw i'n credu eu _____ nhw wedi mynd.
 I think that they have gone.
7 Mae e'n dweud _____ ni sy'n iawn.
 He says that we are right.
8 Dw i'n gwybod ei _____ hi'n bwrw.
 I know that it's raining.

17 Numerals

Here are the numerals 0-10:

0	**dim**
1	**un**
2	**dau**
3	**tri**
4	**pedwar**
5	**pump**
6	**chwech**
7	**saith**
8	**wyth**
9	**naw**
10	**deg**

IMITATED PRONUNCIATION: dim; een; die; tree; ped-warr; pimp; chweh<u>ch</u>; syeth; ooyth; naw; dehg.

These are the forms used on their own. Some change slightly when they precede another word; **pump** becomes **pum** and **chwech** becomes **chwe**, even before a vowel:

pum bachgen	**chwe bachgen**
pum merch	**chwe merch**
pum afal	**chwe afal**

This is particularly true of written Welsh – the spoken forms tend to be the same as the original, especially in South Wales: **pump bachgen; pump merch; pump afal**.

Exercise 21

Complete the following sums, writing the answers in words:

a) $7 + 3 =$ e) $3 + 4 =$
b) $2 + 4 =$ f) $2 \times 4 =$
c) $9 - 4 =$ g) $9 \div 3 =$
d) $10 - 2 =$ h) $2 \div 2 =$

We know that all nouns in Welsh are either masculine or feminine. Some cardinal numbers change their form when they precede a feminine noun:

MASCULINE		FEMININE
dau	>	**dwy**
tri	>	**tair**
pedwar	>	**pedair**

For example:

dwy chwaer	two sisters	(*lit* 'two sister')
tair mam	three mothers	(*lit* 'three mother')
pedair nith	three nieces	(*lit* 'four niece')

IMITATED PRONUNCIATION: dooy chwyerr; tyerr mam; peh-derr neeth.

Some numerals cause the following word to mutate. The chart below shows all the forms, both masculine and feminine, and the mutation (if any) caused:

NUMBER	MASCULINE FORM	MUTATION CAUSED	FEMININE FORM	MUTATION CAUSED
0	**dim**		**dim**	
1	**un**		**un**	soft
2	**dau**	soft	**dwy**	soft
3	**tri**	aspirate	**tair**	
4	**pedwar**		**pedair**	
5	**pum**		**pum**	
6	**chwe**	aspirate	**chwe**	aspirate
7	**saith**		**saith**	
8	**wyth**		**wyth**	
9	**naw**		**naw**	
10	**deg**		**deg**	

Another point to note is that in Welsh, a number is usually followed by a <u>singular</u> noun. A plural noun can only follow a number if **o** (+ soft mutation) 'of' is placed between them. This method is used:

(i)   When the items are thought of as individual units:

| **tri o blant** | three children |
| **pump o ddefaid** | five sheep |

(ii) When large numbers are involved:

| **dau gant o ddoleri** | two hundred dollars |
| **mil o bunnoedd** | a thousand pounds |

Compare phrases like:

llawer o ddynion   a lot of men
ychydig o ferched   a few girls

IMITATED PRONUNCIATION: tree oh blant; pimp oh <u>dd</u>eh-ved; die gannt oh <u>dd</u>ol-err-ee; meel oh bin-oy<u>dd</u>; <u>lh</u>aw-err oh <u>dd</u>un-yon; u<u>ch</u>-uh-dig oh verr-<u>ch</u>ed.

Vocabulary

y fuwch (*f*)	/bɪuχ/	cow, **buchod** (*pl*)	/'biːχɒd/
yr heol (*f*)	/hɛul/	road, **heolydd** (*pl*)	/'hɛulɪð/
o (SM)	/oː/	of, from	

IMITATED PRONUNCIATION: biw<u>ch</u>, bee<u>ch</u>-od; hewl, hewl-i<u>dd</u>; oh.

Exercise 22

Translate:
1 one boy
2 two girls
3 seven cows
4 three dogs
5 four cars
6 two men
7 six pence
8 eight pounds (£)
9 five roads
10 three cats
11 nine houses
12 two villages

18 Particles of speech followed by 'bod'

a) Prepositions:

er   although
am because
gan since (because)

For example:

Mae Rhys yn gryf er ei fod e'n fach.   Rhys is strong although he is small.

Dw i'n mynd am fy mod i'n flinedig.   I'm going because I'm tired.

Gallwch chi fynd gan ein bod ni yma.   You can go since we are here.

IMITATED PRONUNCIATION: my rheess yn greev err (ee) voh dehn vah<u>ch</u>; dween minnd am (vuh) moh deen vlin-ed-ig; ga<u>lh</u>-oo<u>ch</u> ee vinnd gan (un) bohd nee uh-ma.

b) Conjunctions:

achos   because

Dw i'n mynd achos fy mod i'n flinedig.   I'm going because I'm tired.

IMITATED PRONUNCIATION: (d)ween minnd ah-<u>ch</u>oss (vuh) moh deen vlin-ed-ig.

c) Adverbs:

efallai   perhaps
oni bai   if I/you/he/she/etc.

Efallai bod hynny'n iawn.   Perhaps that is correct.
Oni bai fy mod i'n gyrru.   If I weren't driving.

IMITATED PRONUNCIATION: (e)va<u>lh</u>-eh bohd huh-neen yawn; on-ee by (vuh) moh deen guh-ree.

Vocabulary

tri (AM)	/tri:/	three
rhoi	/r̥ɒi/	to give
y cyfarwyddyd (*m*)	/kəvar'ωiðɪd/	direction(s)
ymweld (â)	/əm'wɛld (a)/	to visit
esgusodwch fi	/ɛsgɪsɒdωχ 'vi:/	excuse me (see **Section** **48**)
chwilio (am)	/'χwɪljo (am)/	to search (for)
dewch i ni weld	/dɛuχ i ni 'wɛld/	let's see (see **Section 48**)
cario	/'karjo/	to carry

cariwch ymlaen	/karjʊχ əm'lain/	carry on (see **Section 48**)
at (SM)	/at/	towards
wedyn	/'wɛdɪn/	then, afterwards
y groesfan (f)	/'krɒisvan/	pedestrian crossing, **croesfannau** (pl) /krɒis'vanɛ/
gweld	/gwɛld/	to see
troi	/trɒi/	to turn
trowch	/trouχ/	turn (see **Section 48**)
y bryn (m)	/brɪn/	hill, **bryniau** (pl) /'brənjɛ/
ar y dde	/ar ə 'ðe:/	on the right
ar y chwith	/ar ə 'χwi:θ/	on the left
i mewn i (SM)	/i 'mɛun i/	into
ar bwys	/ar 'bɒis/	near
y swyddfa (f)	/'sʊiðva/	office, **swyddfeydd** (pl) /sʊið'vəið/
y post (m)	/pɒsd/	post
am (SM)	/am/	for
croeso (m)	/'krɒiso/	welcome
mwynhau	/mʊin'hai/	to enjoy
mwynhewch	/mʊin'hɛuχ/	enjoy (see **Section 48**)
yr amser (m)	/'amsɛr/	time, **amseroedd** (pl) /ams'ɛrɒið/
deall	/'de:aɬ/	to understand

IMITATED PRONUNCIATION: tree; rhoy; kuh-varr-ooy-<u>dd</u>id; um-**weld** ah; ess-kiss-od-oo<u>ch</u> vee; <u>ch</u>wil-yoh am; dew<u>ch</u> ee nee weld; karr-yoh; karr-yoo<u>ch</u> um-**line**; wed-in; kroyss-van, kroyss-van-eh; gweld; troy; trow<u>ch</u>; brin, brun-yeh; ar uh <u>dd</u>eh; ar uh <u>ch</u>weeth; ee mewn ee; ar-**booys**; sooy<u>dd</u>-va, sooy<u>dd</u>-**veydd**; posst; am; kroy-soh; mooyn-**hie**; mooyn-**hewch**; am-ser, ams-err-oy<u>dd</u>; deh-a<u>lh</u>.

SGWRS

Mae Iwan yn rhoi cyfarwyddyd i rywun sy'n ymweld â Llandeifi.

Ymwelydd	Esgusodwch fi. Dw i'n chwilio am Stryd-y-Bont.
Iwan	Nawr 'te. Dewch i ni weld. Cariwch ymlaen at y groesfan.
Ymwelydd	Dw i'n gweld. Cario ymlaen at y groesfan.
Iwan	Wedyn trowch ar y dde i mewn i Heol y Bryn.
Ymwelydd	Dw i'n deall. Troi ar y dde i mewn i Heol y Bryn.
Iwan	Trowch ar y chwith ar bwys y swyddfa bost.
Ymwelydd	Ie, troi ar y chwith ar bwys y swyddfa bost.
Iwan	Ac mae Stryd-y-Bont ar y chwith.
Ymwelydd	Diolch yn fawr iawn am eich help.
Iwan	Croeso. Mwynhewch eich amser yn Llandeifi.

TRANSLATION

Iwan gives directions to someone visiting Llandeifi.

Visitor	Excuse me. I'm looking for Stryd-y-Bont (Bridge Street).
Iwan	Now then. Let's see. Carry on towards the crossing.
Visitor	I see. Carry on towards the crossing.
Iwan	Then turn right into Heol-y-Bryn (Bryn Road).
Visitor	I understand. Turn right into Heol-y-Bryn.
Iwan	Turn left near the post office.
Visitor	Yes, turn left near the post office.
Iwan	And Stryd-y-Bont is on the left.
Visitor	Thanks very much for your help.
Iwan	You're welcome. Enjoy your time in Llandeifi.

Lesson 4

19 Independent and affixed pronouns

a) Independent pronouns:

fi	me
ti	you (*fam*)
fe, fo (NW)	him
hi	she
ni	us
chi	you
nhw	them

IMITATED PRONUNCIATION: vee; tee; veh, voh; hee; nee; <u>ch</u>ee; nhooh.

As their name implies, these pronouns stand on their own. There is another set of pronouns which are dependent on the preceding pronoun and imply emphasis:

b) Affixed pronouns:

i	–	**fy nghar i**	*my* car
di, ti	–	**dy gar di**	*your* car (*fam*)
e, fe; o, fo (NW)	–	**ei gar e**	*his* car
hi	–	**ei char hi**	*her* car
ni	–	**ein car ni**	*our* car
chi	–	**eich car chi**	*your* car
nhw	–	**eu car nhw**	*their* car

IMITATED PRONUNCIATION: (v)ung harr ee; duh garr dee; ee garr eh; ee charr hee; un karr nee; <u>uch</u> karr <u>ch</u>ee; ee karr nhooh.

In spoken Welsh, affixed, or dependent, pronouns also occur with inflected forms of the verb (see **Section 28**) and conjugated prepositions (see **Sections 20, 35, 45** and **57**). For example:

Gweithiais i yn galed.	I worked hard
Does dim byd ynddo fe.	There's nothing in it.

IMITATED PRONUNCIATION: gweyth-yes ee un gah-led; doyss dim
beed un-<u>dd</u>oh veh.

20 Prepositions

There are three types of prepositions in Welsh:

(i) those which are followed directly by nouns or independent
pronouns:

â 'with (by means of)'	–	**â chyllell**	with a knife
ers 'since'	–	**ers blwyddyn**	for (since) a year
gyda, efo (NW) 'with'	–	**gyda fi**	with me
heblaw 'besides'	–	**heblaw Morus**	besides Morris
mewn 'in a'	–	**mewn tŷ**	in a house
tua 'about'	–	**tua thri**	about three
erbyn 'by'	–	**erbyn naw**	by nine

IMITATED PRONUNCIATION: ah, ah <u>ch</u>uh-<u>lh</u>e<u>lh</u>; errss, errss
blooy<u>dd</u>-in; guh-da/eh-voh, guh-da vee; heb-**law**, heb-**law** morr-iss;
mewn, mewn tee; tee-a, tee-a three; err-bin, err-bin naw.

(ii) those which are conjugated when followed by a pronoun (see
Sections 21, 28, 35, 45 and 57):

am 'about'	–	**amdana** i	about me
ar 'on'	–	**arno fe**	on him
at 'to (a person)'	–	**atoch chi**	to you
gan 'by'	–	**gen i**	by me
heb 'without'	–	**hebddi hi**	without her
i 'to/for'	–	**i mi**	to, for me
(o) dan 'under	–	**o dano fe**	under it
rhwng 'between'	–	**rhyngddon ni**	between us
trwy 'through'	–	**trwyddyn nhw**	through them
wrth 'by (near)'	–	**wrtho fe**	by him
yn 'in'	–	**ynddyn nhw**	in them

IMITATED PRONUNCIATION: am, am-dah-na ee; arr, arr-noh veh;
at, at-oh <u>ch</u>ee; gan, gen ee; hehb, heb-<u>dd</u>ee hee; ee, ee-**mee**; **(oh)** dan,
o-dah-noh veh; rhoong, rhung-<u>dd</u>oh nee; trooy, trooy-<u>dd</u>in hooh; oorrth,
oorr-thoh veh; un, un-<u>dd</u>in hooh.

(iii) those which are conjugated by placing a prefixed pronoun
between their respective elements and followed, especially in
spoken Welsh, by an affixed pronoun:

ar bwys (SW) 'near'	–	**ar fy mhwys i**	near me
ar draws 'across'	–	**ar eu traws nhw**	across them
ar gyfer 'for'	–	**ar ei gyfer e**	for him
ar ôl 'behind'	–	**ar fy ôl i**	behind me
er mwyn 'for the sake of'	–	**er dy fwyn di**	for your sake (*fam*)
o amgylch 'around'	–	**o'n hamgylch ni**	around us
wrth ochr 'by the side of'	–	**wrth ei hochr hi**	by her side
ymysg 'amongst'	–	**yn eu mysg nhw**	amongst them
yn lle 'instead'	–	**yn ein lle ni**	instead of us
yn ymyl 'near' (NW)	–	**yn ei ymyl e**	near him
ynghylch 'concerning'	–	**yn eich cylch chi**	concerning you

IMITATED PRONUNCIATION: arr-**booys**, arr (v)um hooys ee;
arr-**drawss**, arr ee trawss nhooh; arr guh-verr, arr ee guh-verr eh; arr
ohl, arr un ohl ee; err mooyn, err duh vooyn dee; oh-am-gil<u>ch</u>, ohn
ham-gil<u>ch</u> nee; oorrth oh-<u>ch</u>or, oorrth ee hoh-<u>ch</u>or hee; uh-**misk**, un ee
misk nhooh; un <u>ll</u>eh, un un <u>ll</u>e nee; un-uh-mil, un ee uh-mil eh;
ung-**hilch**, un u<u>ch</u> kil<u>ch</u> ee.

The following prepositions cause the soft mutation:

ar 'on'	–	**ar dân** (< **tân**) 'on fire'
at 'to'	–	**at rywun** (< **rhywun**) 'to someone'
gan 'by'	–	**gan bobl** (< **pobl**) 'by people'
heb 'without'	–	**heb fai** (< **bai**) 'without fault'
i 'to (a place)'	–	**i Loegr** (< **Lloegr**) 'to England'
(o) dan 'under'	–	**dan orchymyn** (< **gorchymyn**) 'under order(s)'
trwy 'through'	–	**trwy Gymru** (< **Cymru**) 'through Wales'
wrth 'by (near)'	–	**wrth law** (< **llaw** 'hand') 'at (near) hand'

IMITATED PRONUNCIATION: ar dahn; at riw-in; gan boh-bol; hehb vie;
ee loy-gerr; dan or<u>ch</u>-uh-min; trooy gum-ree; oorrth law.

The following prepositions cause the aspirate mutation:

â 'with (by means of)' – **â chyllell** (< **cyllell**) 'with a knife'
gyda 'with' – **gyda chwmni** (< **cwmni**) 'with company'
tua 'about' – **tua phedwar** (< **pedwar**) 'about four'

IMITATED PRONUNCIATION: ah <u>ch</u>uh-<u>lh</u>ell; guh-da <u>ch</u>oom-nee; tee-a fed-warr.

Yn 'in' (before a definite or proper noun) causes the nasal mutation (see **Sections 1** and **9**). The written form of **yn** changes, being assimilated by the mutation it causes. For example:

NASAL MUTATION

c	>	ngh	–	yn	+	Canberra	=	yng Nghanberra
p	>	mh	–	yn	+	Paris	=	ym Mharis
t	>	nh	–	yn	+	Toronto	=	yn Nhoronto
g	>	ng	–	yn	+	Glasgow	=	yng Nglasgow
b	>	m	–	yn	+	Brasil	=	ym Mrasil
d	>	n	–	yn	+	Denmarc	=	yn Nenmarc

IMITATED PRONUNCIATION: ung **han**-berr-a; um hah-riss; un horr-on-toh; ung laz-goh; um ra-**zil**; un en-marrk.

Vocabulary

y droed (*f*)	/trɒid/	foot, **traed** (*pl*)	/traid/
pwysau (*pl*)	/ˈpʊisɛ/	pressure	
rhywbeth	/ˈr̩ɪubɛth/	something	
teithio	/ˈtəiθjo/	to travel	
dydd Sadwrn	/dið ˈsɑːdʊrn/	Saturday	
Lloegr	/ˈɬɒigɛr/	England	
tan	/tan/	until	
torri	/ˈtɒri/	to cut	
y bara (*m*)	/ˈbɑːra/	bread	
y cwmni (*m*)	/ˈkʊmni/	company, **cwmnïau** (*pl*) /kʊmˈniːɛ/	

IMITATED PRONUNCIATION: troyd, tried; pooyss-eh; rhiw-beth; teyth-yoh; dee<u>dd</u> sah-doorn; <u>lh</u>oy-gerr; tan; torr-ee; bah-ra; coom-nee, coom-nee-eh.

Exercise 23

Mutate the word in brackets:
1   Mae rhywbeth ar _____.   (troed)
    Something is afoot.
2   Mae'r athro dan _____.   (pwysau)
    The teacher is under pressure.
3   Maen nhw'n teithio trwy _____.   (Cymru)
    They are travelling through Wales.
4   Mae e'n byw yn _____.   (Tregaron)
    He lives in Tregaron.
5   Mae'r plant yn mynd tua _____.   (pump)
    The children are going about five.
6   Dyn ni'n mynd i _____.   (Lloegr)
    We are going to England.
7   Dw i heb _____ wrth Mair.   (dweud)
    I haven't told Mair (lit I'm without telling Mair).
8   Dyn ni'n torri bara â _____.   (cyllell)
    We cut bread with a knife.
9   Mae e'n dod gyda _____.   (cwmni)
    He is coming with company.
10 Mae hi'n byw yng _____.   (Caerdydd)
    She lives in Cardiff.

Exercise 24

Translate the following sentences:
1   They work in Tregaron.
2   The teacher (*f*) is going to England.
3   I haven't told Mair. (two ways)
4   She is travelling through Wales.
5   Something is afoot (*lit* 'on foot').
6   They are going about four.
7   The children are coming with company.
8   We cut bread with a knife.
9   He lives in Cardiff.
10 I am under pressure.

21 Idioms with 'gyda'/'gan'

a) Expressing possession

The prepositions **gyda** 'with' (South Wales) and **gan** 'by' (North Wales) are used in conjunction with the third person singular form of **bod** to express possession:

Mae car gyda fi. (SW)   }   I've got/have a car.   (*lit* 'There is a
Mae car gen i. (NW)   }   car with me.')

The tense can be altered by changing the verb form/(see **Section 23** for the past and imperfect tenses of **bod**):

Roedd car gyda fi. (SW)   }
Roedd car gen i. (NW)   }   I had a car.

IMITATED PRONUNCIATION: my karr guh-da vee; my karr gen ee; roy<u>dd</u>…

Here are the personal forms with **gyda**:

Present tense:

mae car gyda fi	I have a car
mae car gyda ti	you have a car (*fam*)
mae car gyda fe	he has a car
mae car gyda hi	she has a car
mae car gyda Siôn	Siôn has a car
mae car gyda'r Ifansiaid	the Evans have a car
mae car gyda ni	we have a car
mae car gyda chi	you have a car
mae car gyda nhw	they have a car

IMITATED PRONUNCIATION: my karr guh-da vee; my karr guh-da tee; my karr guh-da veh; my karr guh-da hee; my karr guh-da shohn; my karr guh-darr ee-vanss-yed; my karr guh-da nee; my karr guh-da <u>ch</u>ee; my karr guh-dan hooh.

In spoken Welsh **gyda** is often shortened to **'da**:

Mae car mawr 'da Dafydd.   Dafydd has a big car.

The personal forms with **gan** are as follows:

Present tense:

mae car gen i	I have a car
mae car gen ti	you have a car (*fam*)

mae car gynno fo	he has a car
mae car gynni hi	she has a car
mae ca gan Siôn	Siôn has a car
mae car gan yr Ifansiaid	the Evans' have a car
mae car gynnon ni	we have a car
mae car gynnoch chi	you have a car
mae car gynnyn nhw	they have a car

IMITATED PRONUNCIATION: my karr … gen ee; gen tee; guh-noh voh; guh-nee hee; gan shohn; gan uh ree-vanss-yed; guh-non ee; guh-no<u>ch</u> ee; guh-nin hooh.

LITERARY FORMS	IP
gennyf	gen-iv
gennyt	gen-it
ganddo	gan-<u>dd</u>oh
ganddi	gan-<u>dd</u>ee
gennym	gen-im
gennych	gen-i<u>ch</u>
ganddynt	gan-<u>dd</u>int

For example:

y mae car gennyf	'I have a car'

Since **car** 'a car' is indefinite, **oes** is substituted for **mae** in order to ask a question (see **Section 11**):

Oes car gyda chi?	Have you got a car?

Reply: **oes/nac oes**

In order to form the negative, **does dim** is substituted for **mae**:

Does dim car gyda fi.	I haven't got a car.

If the subject is definite, for example **y car** 'the car', then the corresponding forms would be **ydy** and **dyw … ddim**:

Ydy'r car gyda chi?	Have you got the car?

Reply: **ydy/na(c) ydy**

Dyw'r car ddim gyda fi.	I haven't got the car.

Vocabulary

newid (*m*)	/'nɛuɪd/	change		
llawer (o) (SM)	/'ɬauɛr (o:)/	a lot (of)		
arian (*pl*)	/'arjan/	money		
gwyn	/gwɪn/	white		
y ffrind (*m*)	/frɪnd/	friend, **ffrindiau** (*pl*)	/'frɪndjɛ/	
yr allwedd (*f*)	/'aɬwɛð/	key, **allweddi** (*pl*)	/aɬ'wɛði/	

IMITATED PRONUNCIATION: new-id; <u>lh</u>aw-err (oh) arr-yann; gwinn; frinnd, frinnd-yeh; a<u>lh</u>-we<u>dd</u>, a<u>lh</u>-we<u>dd</u>-ee.

Exercise 25

Translate the following sentences using **gyda**:
1 I've got a Mini.
2 Have you got any children?
3 Alun hasn't got any change.
4 They've got a big white house.
5 They haven't got a lot of friends.
6 Have you got the keys? (*fam*)
7 I haven't got a lot of money.
8 He hasn't got the keys.
9 We've got a lot of time.
10 She's got three cats.

b) Other idioms with 'gyda'/'gan'

mae'n dda gyda fi/gen i	I'm glad
mae'n ddrwg gyda fi/gen i	I'm sorry
mae'n gas gyda fi/gen i	I hate
mae pen tost gyda fi/gen i	I've got a headache

IMITATED PRONUNCIATION: mine <u>dd</u>ah guh-da vee/gen ee; mine <u>dd</u>roohg guh-da vee/gen ee; mine gahss guh-da vee/gen ee; my pen tosst guh-da vee/gen ee.

The phrase **gyda fi**, (or **gen i** in North Wales), is adverbial. Adverbs usually come at the end of a Welsh sentence. If they come in the middle they cause the following word to mutate. For example:

Mae car gyda fi.   I've got a car.   (No mutation)
Mae gyda fi gar.   I've got a car.   (Soft mutation)

In idioms like 'I'm glad', 'I hate', etc., **gyda fi** and **gen i** always come in the middle of the sentence, and so cause the soft mutation:

Mae'n dda gyda fi   I'm glad to meet you.   (< **cwrdd** 'to meet')
  gwrdd â chi.
Mae'n gas gyda   I hate bananas.   (< **bananas**)
  fi fananas.

22 Genitive noun phrases

In English, as in other languages, there are two ways of expressing that something belongs to someone (or something):

(i) **the** + **object** + **of** **owner**
    the + house + of Laura

(ii) **owner** + **case-ending** + **object**
    Laura + 's   + house

In Welsh, on the other hand, the pattern is as follows:

object + **owner**
tŷ + Lowri

Vocabulary

y dysgwr (*m*)	/ˈdəsgʊr/	learner,		
		dysgwyr (*pl*)	/ˈdəsgʊɪr/	
y flwyddyn (*f*)	/ˈblʊiðɪn/	year,		
		blynyddoedd (*pl*)	/blənˈəðʊið/	
y brifysgol (*f*)	/privˈəsgɒl/	university,		
		prifysgolion (*pl*)	/privəsˈgɒljɒn/	
y banc (*m*)	/bank/	bank, **banciau** (*pl*)	/ˈbankjɛ/	
y beic (*m*)	/bəik/	bike, **beiciau** (*pl*)	/ˈbəikjɛ/	
y ddinas (*f*)	/ˈdiːnas/	city, **dinasoedd** (*pl*)	/dinˈasʊið/	
yr anthem (*f*)	/ˈanθɛm/	anthem,		
		anthemau (*pl*)	/anˈθɛmɛ/	
y wraig (*f*)	/gwraig/	wife, **gwragedd** (*pl*)	/ˈgwrɑːgɛð/	

IMITATED PRONUNCIATION: dusk-oorr, dusk-wirr; blooy<u>dd</u>-in,
bluh-nuh-<u>dd</u>oy<u>dd</u> preev-uss-kol, preev-uss-kol-yon; bannk, bannk-yeh;
beyk, beyk-yeh; deen-ass, deen-ass-oy<u>dd</u>; ann-them, an-them-eh;
gw'ryeg, gw'rah-ge<u>dd</u>

Exercise 26

Translate:
1 the teacher's house (*m*)
2 the Learner of the Year
3 the University of Wales
4 the Bank of England
5 the minister's wife
6 Alun's car
7 Helen's bike
8 the town of Aberystwyth
9 the city of Cardiff
10 the Welsh anthem (the anthem of Wales)

Vocabulary

pedwar	/ˈpɛdwar/	four
teimlo	/ˈtəimlo/	to feel
yn iawn	/ən ˈjaun/	alright, well (physically)
y meddyg (*m*)	/ˈmɛðɪg/	doctor, **meddygon** (*pl*) /mɛðˈəgɒn/
rhy (SM)	/r̥iː/	too
beth sy'n bod ar?	/bɛθ siːn ˈboːd ar/	what's the matter with? (see **Section 45**)
'te	/tɛ/	then (tag)
dwedwch	/ˈdwɛdʊχ/	say (see **Section 48**)
y symptom (*m*)	/ˈsɪmtɒm/	symptom, **symptomau** (*pl*) /sɪmˈtoːmɛ/
methu	/ˈmɛθi/	to be unable, to fail
cysgu	/ˈkəsgi/	to sleep
yn y nos	/ən ə ˈnoːs/	at night
o hyd	/o ˈhiːd/	all the time
clywed	/ˈkləuɛd/	to hear
dal	/dal/	to hold

daliwch	/ˈdaljωχ/	hold (see **Section 48**)
y thermomedr (*m*)	/θərˈmɒmɛtər/	thermometer, **thermomedrau** (*pl*) /θərmɒmˈɛtrɛ/
y geg (*f*)	/keːg/	mouth, **cegau** (*pl*) /ˈkeːgɛ/
tra	/trɑː/	while
cymryd	/ˈkəmrɪd/	to take
cymera i	/kəmˈeːra i/	I will take (see **Section 47**)
y pwls (*m*)	/pəls/	pulse
caled	/ˈkɑːlɛd/	hard
credu	/ˈkrɛdi/	to believe
y gorffwys (*m*)	/ˈgɒrfωis/	rest
cerwch (â)	/ˈkɛrωχ (a)/	take (see **48**)
y presgripsiwn (*m*)	/prɛsˈgrɪpʃωn/	prescription, **presgripsiynau** (*pl*) /prɛsgrɪpˈʃənɛ/
at	/at/	to (a person)
y cemist (*m*)	/ˈkɛmisd/	chemist

IMITATED PRONUNCIATION: ped-warr; teym-loh; un yawn; me<u>dd</u>-ig, me<u>dd</u>-uh-gon; rhee; behth seen bohd; teh, dwed-oo<u>ch</u>; sim-tom, sim-tom-eh; meth-ee; kusk-ee; un uh nohss; oh-**heed**; kluw-ed; dal; dal-yoo<u>ch</u>; thuh-**mom**-et-urr, thuh-mom-et-reh; kehg, kehg-eh; trah; kum-rid; kuh-meh-ra ee; pulss; kah-led; kred-ee; kere-oo<u>ch</u> (ah); pres-krip-shoon, pres-krip-shun-eh; at; kem-isst.

SGWRS

Dyw Iwan ddim yn teimlo'n iawn, ac mae e'n mynd i weld ei feddyg Dr Jones.

Dr Jones Helo Iwan, sut dych chi heddiw?

Iwan Dw i ddim yn teimlo'n rhy dda, Doctor Jones.

Dr Jones Beth sy'n bod 'te? Dwedwch y symptomau wrtha i.

Iwan Dw i'n methu cysgu yn y nos, ac mae pen tost gyda fi o hyd.

Dr Jones Mae'n ddrwg gyda fi glywed hynny. Daliwch y thermomedr yn eich ceg tra cymera i eich pwls.

Iwan Ydych chi'n gwybod beth sy'n bod arna i, Doctor?

Dr Jones Ydw. Dw i'n credu eich bod chi'n gweithio'n rhy galed. Gorffwys yw'r peth gorau i chi. Cerwch â'r presgripsiwn 'ma at y cemist.

Iwan Diolch yn fawr, Doctor. Hwyl fawr i chi nawr.

Dr Jones Hwyl fawr i chi, Iwan.

TRANSLATION

Iwan isn't felling well, and he goes to see his GP Dr Jones.

Dr Jones Hello Iwan, how are you today?

Iwan I don't feel too good, Doctor Jones.

Dr Jones What's the matter then? Tell me the symptoms.

Iwan I can't sleep at night, and I've got a headache all the time.

Dr Jones I'm sorry to hear that. Hold the thermometer in your mouth while I take your pulse.

Iwan Do you know what's wrong with me, Doctor?

Dr Jones Yes. I believe you've been working too hard. Rest is the best thing for you. Take this prescription to the chemist.

Iwan Thanks very much, Doctor. All the best to you now.

Dr Jones All the best to you, Iwan.

Lesson 5

23 The past and imperfect tenses of 'bod'

'I was' can be translated into Welsh as either **bues i** or **roeddwn i**. The former refers to the completion of an action while the latter expresses duration without specifying completion. They are known respectively as the past and imperfect tenses of **bod**:

Bues i'n sâl ddoe.   I was ill yesterday (but I'm alright today).
Roedd y dyn yn ddall. The man was blind.

IMITATED PRONUNCIATION: bee-ess een sahl ddoy; roydd uh deen un ddahlh.

23a The affirmative forms

Past	Imperfect	
bues i	roeddwn i	I was
buest ti	roeddet ti	you were (fam)
buodd e	roedd e	he was
buodd hi	roedd hi	she was
buodd Siôn	roedd Siôn	Siôn was
buodd y plant	roedd y plant	the children were
buon ni	roedden ni	we were
buoch chi	roeddech chi	you were
buon nhw	roedden nhw	they were

In spoken Welsh the imperfect forms are usually shortened to **ro'n i, ro't ti, roedd e, roedd hi; ro'n ni, ro'ch chi, ro'n nhw**, etc..

IMITATED PRONUNCIATION:
Past: bee-ess ee; bee-est ee; bee-odd eh; bee-odd hee; bee-odd shohn; bee-odd uh plannt; bee-on ee; bee-och ee; bee-on hooh.

Imperfect: roydd-oon ee; roydd-et ee; roydd eh; roydd hee; roydd

shohn; roy<u>dd</u> uh plannt; roy<u>dd</u>-e nee; roy<u>dd</u>-e <u>ch</u>ee; roy<u>dd</u>-en hooh.
(Shortened forms: roh nee; roh tee; roy<u>dd</u> eh; roy<u>dd</u> hee; roh nee; roh
<u>ch</u>ee; rohn hooh.)

LITERARY FORMS			
Past	*Imit. Pron.*	*Imperfect*	*Imit. Pron.*
bûm	beem	**yr oeddwn**	uh roy<u>dd</u>-oon
buost	bee-ost	**yr oeddit**	uh roy<u>dd</u>-it
bu	bee	**yr oedd**	uh roy<u>dd</u>
buom	bee-om	**yr oeddem**	uh roy<u>dd</u>-em
buoch	bee-o<u>ch</u>	**yr oeddych**	uh roy<u>dd</u>-i<u>ch</u>
buont	bee-ont	**yr oeddynt**	uh roy<u>dd</u>-int

The imperfect forms, together with the infinitive **arfer** 'to use',
correspond to the English 'I used to ...':

Roeddwn i'n arfer chwarae rygbi.   I used to play rugby.
Roedden ni'n arfer byw yn y wlad.   We used to live in the
country.

IMITATED PRONUNCIATION: roy<u>dd</u>-oon een arr-verr <u>ch</u>wah-reh
rug-bee; roy<u>dd</u>-e neen ar-verr biw un uh wlahd.

In spoken Welsh, the following infinitives usually occur only with
the imperfect and are sometimes referred to as the 'verbs of
mental state':

credu 'to believe', 'to think'	**roeddwn i'n credu**	I believed
meddwl 'to think'	**roeddwn i'n meddwl**	I thought
deall 'to understand'	**roeddwn i'n deall**	I understood
*moyn 'to want, desire' (SW)	**roeddwn i moyn**	I wanted
gwybod 'to know a fact'	**roeddwn i'n gwybod**	I knew
adnabod 'to know a person or place'	**roeddwn i'n adnabod ei dad**	I knew his father
gobeithio 'to hope'	**roeddwn i'n gobeithio**	I hoped
hoffi, licio 'to like'	**roeddwn i'n hoffi**	I liked
perthyn 'to belong'	**roedd e'n perthyn**	he belonged

IMITATED PRONUNCIATION: kred-ee; me<u>dd</u>-ool; deh-a<u>lh</u>; moyn;
gwee-bod; (ad)nah-bod; goh-beyth-yoh; hoff-ee, lik-yoh; perr-thin.

*Moyn 'to want' is derived from the literary form **ymofyn**, and should be preceded by **yn**, but it is usually omitted in speech.

The noun **eisiau** 'need' and the preposition **am** 'for' follow the same pattern as **moyn**:

am (SM)	**roeddwn i am fynd**	I wanted to go
		(*lit* I was for going)
eisiau, isio (NW)	**roeddwn i eisiau**	I wanted to go
	mynd	(*lit* I needed to go)

IMITATED PRONUNCIATION: roy<u>dd</u>-oon ee am vinnd; roy<u>dd</u>-oon ee ees-eh minnd.

Another exception is the weather; we always use **roedd** when referring to weather in the past:

Roedd hi'n braf ddoe.	It was fine yesterday.
Roedd hi'n stormus neithiwr.	It was stormy last night.

Vocabulary

ddoe	/ðɒi/	yesterday
echdoe	/'ɛχdɒi/	the day before yesterday
neithiwr	/'nəiθjʊr/	last night
y bore (*m*)	/'boːrɛ/	morning, **boreau** (*pl*) /bor'eːɛ/
iachus	/'jɑːχɪs/	healthy
ifanc	/'iːvaŋk/	young
y fyddin (*f*)	/'bəðɪn/	army, **byddinoedd** (*pl*) /bəð'iːnɒið/
y dafarn (*f*)	/'tɑːvarn/	pub, **tafarnau** (*pl*) /tav'arnɛ/
dwy flynedd	/dɯi 'vlənɛð/	two years
yn y coleg	/ən ə 'koːlɛg/	at college
yn yr ysgol	/ən yr 'əsgɒl/	at school
yn y dref	/ən ə 'dre(v)/	in town

IMITATED PRONUNCIATION: <u>dd</u>oy; e<u>ch</u>-doy; neyth-yoor; boh-reh; boh-reh-eh; yah-<u>ch</u>iss; ee-vank; buh-<u>dd</u>in, buh-<u>dd</u>een-oy<u>dd</u>; tah-varrn, tav-arr-neh; dooy vluh-ne<u>dd</u>; un uh koh-leg; un uh russ-kol; un uh **dreh(v)**.

Exercise 27

Translate:
1 It was fine yesterday.
2 I was in the pub the night before last.
3 He was healthy when he was young.
4 We were in town the day before yesterday.
5 It was raining last night.
6 Emyr was in the army for two years.
7 They used to play rugby.
8 The children were at school yesterday morning.

23b The interrogative forms

Past	*Imperfect*	
fues i?	**oeddwn i?**	was I?
fuest ti?	**oeddet ti?**	were you?(*fam*)
fuodd e?	**oedd e?**	was he?
fuodd hi?	**oedd hi?**	was she?
fuodd Siôn?	**oedd Siôn?**	was Siôn?
fuodd y plant?	**oedd y plant?**	were the children?
fuon ni?	**oedden ni?**	were we?
fuoch chi?	**oeddech chi?**	were you?
fuon nhw?	**oedden nhw?**	were they?

IMITATED PRONUNCIATION:

Past: vee-ess ee; vee-est-ee; vee-o<u>dd</u> eh; vee-o<u>dd</u> hee; vee-o<u>dd</u> shohn; vee-o<u>dd</u> uh plannt; vee-on ee; vee-o<u>ch</u> ee; vee-on hooh.

Imperfect: oy<u>dd</u>-oon ee (oh nee); oy<u>dd</u>-et ee (oh tee); oy<u>dd</u> eh; oy<u>dd</u> hee; oy<u>dd</u> shohn; oy<u>dd</u> uh plannt; oy<u>dd</u>-en ee (oh nee); oy<u>dd</u>-ech ee (oh <u>ch</u>ee); oy<u>dd</u>-en hooh (ohn hooh).

LITERARY FORMS	
Past	*Imperfect*
a fûm?	**a oeddwn?**
a fuost?	**a oeddit?**
a fu?	**a oedd?**
a fuom?	**a oeddem?**
a fuoch?	**a oeddych?**
a fuont?	**a oeddynt?**

The replies to questions in the past are **do** 'yes' and **naddo** 'no', while those in the imperfect are as follows:

oeddwn	yes, I was	**nac oeddwn**	no, I wasn't
oeddet	yes, you were	**nac oeddet**	no, you weren't
oedd	yes, he/she/it was	**nac oedd**	no, he/she/it wasn't
oedden	yes, we were	**nac oedden**	no, we weren't
oeddech	yes, you were	**nac oeddech**	no, you weren't
oedden	yes, they were	**nac oedden**	no, they weren't

IMITATED PRONUNCIATION: oy<u>dd</u>-oon (ohn), nah goy<u>dd</u>-oon (nah gohn); oy<u>dd</u>-et (oht), nah goy<u>dd</u>-et (nah goht); oy<u>dd</u>, nah goy<u>dd</u>; oy<u>dd</u>-en (ohn), nah goy<u>dd</u>-en (nah gohn); oy<u>dd</u>-e<u>ch</u> (oh<u>ch</u>), nah goy<u>dd</u>-e<u>ch</u> (nah goh<u>ch</u>); oy<u>dd</u>-en (ohn), nah goy<u>dd</u>-en (nah gohn).

Vocabulary

y sinema (*f*)	/ˈsɪnɛmə/	cinema, **sinemâu** (*pl*)	/sinɛˈmai/
y theatr (*f*)	/ˈθeːatər/	theatre, **theatrau** (*pl*)	/θeˈatrɛ/
y farchnad (*f*)	/ˈmarχnad/	market, **marchnadoedd** (*pl*)	
		/marχˈnɑːdʊið/	
y ffair (*f*)	/fair/	fair, **ffeiriau** (*pl*)	/ˈfəirjɛ/
golchi	/ˈgɒlχi/	to wash	
ymolchi	/əmˈɒlχi/	to wash oneself	

IMITATED PRONUNCIATION: **sin**-eh-muh, sin-eh-**my**; **theh**-at-urr, theh-at-reh; marr<u>ch</u>-nad, marr<u>ch</u>-nah-doy<u>dd</u>; fyerr, feyrr-yeh; gol<u>ch</u>-ee; uh-mol<u>ch</u>-ee.

Exercise 28

Answer the following questions in the affirmative. For example:

Fuoch chi yn y theatr neithiwr?	Were you in the theatre last night?
Do, bues i yn y theatr neithiwr.	Yes, I was in the theatre last night.

1 Fuoch chi yn y dref ddoe?
2 Oedd hi'n braf echdoe?
3 Fuodd Helen yn gweithio yn y tŷ ddoe?
4 Oedden nhw moyn mynd?

5 Fuoch chi'n sâl echdoe?
6 Oeddet ti'n mynd i ddweud rhywbeth?
7 Fuest ti yn y sinema neithiwr?
8 Oedd y plant yn deall?
9 Fuodd Alun yn golchi'r car y bore 'ma?
10 Oeddech chi'n arfer chwarae rygbi yn yr ysgol?

23c The negative forms

Past	*Imperfect*	
fues i ddim	**doeddwn i ddim**	I was not
fuest ti ddim	**doeddet ti ddim**	you were not (*fam*)
fuodd e ddim	**doedd e ddim**	he was not
fuodd hi ddim	**doedd hi ddim**	she was not
fuodd Siân ddim	**doedd Siôn ddim**	Siôn was not
fuodd y plant ddim	**doedd y plant ddim**	the children were not
fuon ni ddim	**doedden ni ddim**	we were not
fuoch chi ddim	**doeddech chi ddim**	you were not
fuon nhw ddim	**doedden nhw ddim**	they were not

IMITATED PRONUNCIATION:

Past: vee-ess ee ddim; vee-est ee ddim; vee-odd eh ddim; vee-odd hee ddim; vee-odd shahn ddim; vee-odd uh plannt ddim; vee-on ee ddim; vee-och ee ddim; vee-on hooh ddim.

Imperfect: doydd-oon ee ddim (dohn ee ddim); doydd-et ee ddim (doh tee ddim); doydd eh ddim; doydd hee ddim; doydd shohn ddim; doydd uh plannt ddim; doydd-en ee ddim (doh nee ddim); doydd-ech ee ddim (doh chee ddim); doydd-en hooh ddim (dohn hooh ddim).

LITERARY FORMS			
Past	*Imit. Pron.*	*Imperfect*	*Imit. Pron.*
ni fûm	nee veem	**nid oeddwn**	nid oydd-oon
ni fuost	nee vee-ost	**nid oeddit**	nid oydd-it
ni fu	nee vee	**nid oedd**	nid oydd
ni fuom	nee vee-om	**nid oeddem**	nid oydd-em
ni fuoch	nee vee-och	**nid oeddych**	nid oydd-ich
ni fuont	nee vee-ont	**nid oeddynt**	nid oydd-int

74

Vocabulary

y teulu (*m*)	/'təili/	family, **teuluoedd** (*pl*)
	/təil'i:ɒið/	
i gyd	/i 'gi:d/	all
holi (*am*)	/'hɒli (am)/	to ask (about)
amdana i	/am'dɑ:na i/	about me
gynnau fach	/'gənɛ vaχ/	just now

IMITATED PRONUNCIATION: tey-lee; ee-**geed**; hol-ee (am); am-dah-na ee; guh-neh va<u>ch</u>.

Exercise 29

Fill the gaps in the following sentences. For example:

_____ hi'n heulog ddoe.   **Roedd** hi'n heulog ddoe.

1 _____ i yn y dref ddoe.   *I was in town yesterday.*
2 _____ hi'n wyntog echdoe.   *It was windy the day before yesterday.*
3 _____ chi yn y dafarn neithiwr?   *Were you in the pub last night?*
4 _____ y teulu i gyd yn sâl echnos.   *All the family were ill the night before last.*
5 _____ hi ddim yn braf y bore 'ma.   *It wasn't fine this morning.*
6 _____ i'n meddwl bod hynny'n iawn.   *I thought that was alright.*
7 _____ rhywun yn holi amdanoch chi gynnau fach.   *Someone was inquiring about you just now.*
8 _____ e ddim eisiau mynd allan.   *He didn't want to go out.*

Exercise 30

Translate:
1 It was windy yesterday.
2 They didn't want to go out.
3 The children were ill yesterday.
4 Did anyone ask about me this morning?
5 We went to (were in) town the day before yesterday.
6 I thought that was true.
7 It wasn't fine yesterday morning.
8 Did you go to (were you in) the pub last night?

IMPORTANT

Just as some infinitives are used exclusively with the imperfect forms of **bod**, so **byw** 'to live' and **marw** 'to die' are used exclusively with the past forms when they express a completed action. For example:

Buodd fy mam-gu fyw nes ei bod hi'n naw deg.	My grandmother lived until she was ninety.
Buodd fy nhad farw llynedd.	My father died last year.

IMITATED PRONUNCIATION: bee-o<u>dd</u> (vuh) mam-**gee** viw ness (ee) bohd heen naw dehg; bee-o<u>dd</u> (vuh) nhahd vah-rooh <u>lh</u>uh-ne<u>dd</u>.

It should also be noted that in such sentences **byw** and **marw** are *not* preceded by aspectual marker **yn** (see **Section 9**), and that they suffer soft mutation.

24 The pluperfect

In Welsh, 'has' is expressed by substituting **wedi** for **yn** in the present tense of **bod** (see **Section 7**):

Mae Elen yn mynd.	Elen is going.	(present)
Mae Elen wedi mynd.	Elen has gone.	(present perfect)

Similarly, 'had' (the pluperfect tense) is expressed by substituting **wedi** for **yn** in the imperfect tense of **bod**:

Roedd Elen yn mynd.	Elen was going.	(imperfect)
Roedd Elen wedi mynd.	Elen had gone.	(pluperfect)

25 Relative forms of 'bod'

We have already seen that **sydd** is the relative form of **bod** in the present tense (see **Section 13**). In spoken Welsh, **a oedd** is the relative form of both the the past and imperfect tenses:

STATEMENT

Roedd y dyn yn fyddar.	The man was deaf.
Buodd y dyn yn y dosbarth ddoe.	The man was in class yesterday.

ANTECEDENT + RELATIVE CLAUSE

y dyn a oedd yn fyddar   the man who was deaf
y dyn a oedd yn y dosbarth   the man who was in class
  ddoe   yesterday

IMITATED PRONUNCIATION: uh deen (ah) oy<u>dd</u> un vuh-<u>dd</u>arr; uh deen (ah) oy<u>dd</u> un uh doss-barrth <u>dd</u>oy.

In spoken Welsh, such clauses are negated by adding **ddim**:

y dyn oedd ddim yn fyddar   the man who wasn't deaf
y dyn oedd ddim yn y   the man who wasn't in (the)
  dosbarth ddoe   class yesterday

In literary Welsh, relative clauses are negated by substituting **na** for **a** (**nad** before vowels). This causes the verb it precedes to suffer aspirate mutation if it begins with **p, t, c,** and soft mutation if it begins with **b, d, g, m, ll, rh**:

y dyn nad oedd yn fyddar   the man who wasn't deaf
y dyn na fu yn y dosbarth   the man who wasn't in class
  ddoe   yesterday

IMITATED PRONUNCIATION: uh deen nad oy<u>dd</u> un vuh-<u>dd</u>ar; uh deen nah vee un uh doss-barrth <u>dd</u>oy.

The third person plural form of the verb is used with plural nouns:

y dynion nad oeddynt yn   the men who weren't deaf
  fyddar
y dynion na fuont yn y   the men who weren't in class
  dosbarth ddoe   yesterday

Vocabulary

byddar	/'bəðar/	deaf
dall	/dɑːɬ/	blind
cloff	/kloːf/	lame
ymladd	/'əmlað/	to fight
y bobl (*f*)	/'poːbol/	people, **pobloedd** (*pl*) /'pɒblɒɪð/

IMITATED PRONUNCIATION: buh-<u>dd</u>ar; dah<u>lh</u>; klohf; um-la<u>dd</u>; poh-bol, poh-bloy<u>dd</u>.

Exercise 31

Translate:
1 the boy who was ill yesterday
2 the man who was blind
3 the man who wasn't here last night
4 the people who were here this morning
5 the boys who were fighting
6 the girls who weren't ill
7 the horse which was lame
8 the horse that's lame
9 the woman who was deaf

26 Demonstrative expressions

In spoken Welsh, phrases like 'this book' and 'that book' are expressed by the use of locative adverbs **yma** 'here', **yna** 'there' and **acw** 'yonder':

y llyfr yma	this book	(*lit* the book here)
y llyfr yna	that book	(*lit* the book there)
y llyfr acw	yonder book	(*lit* the book yonder)

IMITATED PRONUNCIATION: uh <u>l</u>huh-virr uh-ma; uh-na; ak-ooh.

This is the same for both singular and plural nouns:

y llyfrau yma/yna/acw these/those/yonder books

In literary Welsh, the independent pronouns **hwn** (*m*) and **hon** (*f*) correspond to **yma**, while **hwnnw** (*m*) and **honno** (*f*) correspond to **yna**. In the case of plural nouns, **hyn** corresponds to **yma** and **hynny** to **yna**:

MASCULINE		FEMININE	
y bachgen hwn	this boy	**y ferch hon**	this girl
y bachgen hwnnw	that boy	**y ferch honno**	that girl
y bechgyn hyn	these boys	**y merched hyn**	these girls
y bechgyn hynny	those boys	**y merched hynny**	those girls

Vocabulary

y fenyw (*f*)	/ˈmɛnɪu/	woman, **menywod** (*pl*)	/mɛnˈɪʊɒd/
y wers (*f*)	/gwɛrs/	lesson, **gwersi** (*pl*)	/ˈgwɛrsi/
y papur (*m*)	/ˈpapɪr/	paper, **papurau** (*pl*)	/papˈiːrɛ/
y peth (*m*)	/peːθ/	thing, **pethau** (*pl*)	/ˈpɛθɛ/
y teimlad (*m*)	/ˈtɛimlad/	feeling, **teimladau** (*pl*)	/təimˈlɑːdɛ/

IMITATED PRONUNCIATION: men-iw, men-iw-od; gwerrss, gwerr-see; pap-irr, pap-ee-reh: pehth, peth-eh; teym-lad, teym-lah-deh.

Exercise 32

Translate:
1 this man
2 that girl
3 these women
4 this lesson
5 that book
6 this house
7 those papers
8 these things
9 this feeling

27 Days of the week

dydd Sul	Sunday	**nos Sul**	Sun. evening/night
dydd Llun	Monday	**nos Lun**	Mon. evening/night
dydd Mawrth	Tuesday	**nos Fawrth**	Tues. evening/night
dydd Mercher	Wednesday	**nos Fercher**	Wed. evening/ night
dydd Iau	Thursday	**nos Iau**	Thurs. evening/night
dydd Gwener	Friday	**nos Wener**	Fri. evening/night
dydd Sadwrn	Saturday	**nos Sadwrn**	Sat. evening/night

IMITATED PRONUNCIATION: dee<u>dd</u>-**seel**, noh-**seel**; dee<u>dd</u>-**lheen**, nohss-**leen**; dee<u>dd</u>-**mawrth**, nohss-**vawrth**; dee<u>dd</u>-merr<u>ch</u>-err, nohss-verr<u>ch</u>-err; dee<u>dd</u>-**yie**, nohss-**yie**; dee<u>dd</u>-gwen-err, nohss-wen-err; dee<u>dd</u>-sah-doorn, nohss-sah-doorn.

Vocabulary

pump	/pɪmp/	five
noson o haf	/nɒsɒn o ˈhɑːv/	a summer's evening
parchedig	/parˈχɛdɪg/	reverend
noswaith dda	/nɒswɛθ ˈðaː/	good evening
on'd yw hi?	/ˈɒnd ɪu hiː/	isn't it?
bendigedig	/bɛndɪgˈɛdɪg/	splendid
hefyd	/ˈhɛvɪd/	as well, also
os cofia i	/ɒs ˈkɒvja i/	if I remember (correctly) (see **Section 47**)
gwell o lawer	/gweːɬ o ˈlauɛr/	a lot better
yr haul (*m*)	/hail/	sun
(tŷ) cwrdd (*m*)	/(tiː) ˈkʊrð/	meeting house, chapel, non-conformist church
(mae ar)na i ofn	/(mai ar)na i ˈoːvan/	I'm afraid
roedd rhaid	/rɒɪð ˈr̥aid/	there was a necessity
y lle (*m*)	/ɬeː/	place, **llefydd** (*pl*) /ɬɛvɪð/
o ran ei weld e	/o ran i ˈwɛld ɛ/	by sight
clywed (*am*)	/ˈkləuɛd (am)/	to hear (about)
erbyn hyn	/ɛrbɪn ˈhɪn/	by now
rhaid i chi ddod	/ˈr̥aid i χi ddod/	you must come
rhywbryd	/ˈr̥ɪubrɪd/	sometime
bydda i'n siŵr o wneud	/bəða in ˈʃur o (w)nəid/	I'll be sure to (do) (see **Section 43**)
ddim fel	/ˈðɪm vɛl/	not like

IMITATED PRONUNCIATION: pimp; noss-on oh hahv; parr<u>ch</u>-ed-ig; nos-weth <u>dd</u>ah; **ond**-iw-hee; ben-deeg-ed-ig; hev-id; os kov-ya ee; gweh<u>lh</u> oh law-err; hile; (tee) koor<u>dd</u>; (my arr)na ee oh-van; roy<u>dd</u> rhide; <u>lh</u>eh; oh ran ee weld eh; kluw-ed am; err-bin-**hin**; rhide ee <u>ch</u>ee <u>dd</u>ohd; rhiw-brid; buh-<u>dd</u>a een shoohrr oh (w)neyd; <u>dd</u>im vel.

SGWRS

Mae Gwen yn cerdded trwy Landeifi un noson o haf ac mae hi'n cwrdd â'r Parchedig Puw.

Gwen	Noswaith dda, Mr Puw. Mae'n braf heno on'd yw hi?
Parch Puw	Ydy, bendigedig. Mae'n dwym hefyd.
Gwen	Ydy, ydy. Ddim fel dydd Llun.
Parch Puw	Na(c y)dy. Roedd hi'n eitha(f) oer dydd Llun os cofia i (yn iawn).

Gwen	Ond mae'n well o lawer nawr.
Parch Puw	Ydy, ydy. Mae'n braf gweld yr haul.
Gwen	Fuoch chi yn y (tŷ) cwrdd nos Sul?
Parch Puw	Naddo, (mae ar)na i ofn. Buodd Mrs Puw yn sâl ac roedd rhaid cael rhywun yn fy lle. Ydych chi'n (ad)nabod Dafydd Beynon?
Gwen	Dim ond o ran ei weld e, ond dw i wedi clywed llawer amdano fe. Ydy Mrs Puw yn teimlo'n well nawr?
Parch Puw	Ydy, yn well o lawer diolch. Rhaid i chi ddod i'n gweld ni rhywbryd eto.
Gwen	Bydda i'n siŵr o wneud.
Parch Puw	Nos da i chi nawr, Gwen.
Gwen	Nos da, Mr Puw.

TRANSLATION

Gwen is walking through Llandeifi one summer's evening and she meets the Reverend Puw.

Gwen	Good evening, Mr Puw. It's fine tonight isn't it?
Rev Puw	Yes, splendid. It's warm too.
Gwen	Yes, yes. Not like Monday.
Rev Puw	No, it was quite cold on Monday if I remember (correctly).
Gwen	But it's a lot better now.
Rev Puw	Yes, yes. It's lovely to see the sun.
Gwen	Were you in chapel Sunday evening?
Rev Puw	No, I'm afraid. Mrs Puw was ill and someone had to be found to take my place. Do you know Dafydd Beynon?
Gwen	Only by sight, but I've heard a lot about him. Is Mrs Puw feeling better now?
Rev Puw	Yes, a lot better thanks. You must come and visit (see) us (sometime) again.
Gwen	I'll be sure to.
Rev Puw	Good night to you now, Gwen.
Gwen	Good night, Mr Puw.

Lesson 6

28 The past tense of regular verbs:

28a The affirmative forms

As you'll have remembered (see **Section** 7), there are two types of verb construction in Welsh:

(i)   The periphrastic or 'long' forms, where personal forms of **bod** are combined with an infinitive:

Mae Alun yn dysgu.   Alun is learning.
(Remember that **dysgu** can also mean 'to teach'.)

(ii) The inflected or 'short' forms, where the stem of a verb is followed by a personal inflection or 'ending' which denotes person and tense:

dysgodd = **dysg-** (stem) + **-odd** (inflection) he/she learned

From now on the stem of a verb will be shown thus, **dysg-**, in the vocabulary.

In spoken Welsh the inflected forms are generally accompanied by affixed pronouns (see **Section 19**), as you'll see in the following (**i**, **ti**, **e** etc):

Past tense
dysgais i	I learned
dysgaist ti	you learned (*fam*)
dysgodd e	he learned
dysgodd hi	she learned
dysgodd Gwyneth	Gwyneth learned
dysgodd y plant	the children learned
dysgon ni	we learned
dysgoch chi	you learned
dysgon nhw	they learned

IMITATED PRONUNCIATION: dusk-ess ee; dusk-est ee; dusk-odd eh; dusk-odd hee; dusk-odd gwinn-eth; dusk-odd uh plannt; dusk-on ee; dusk-och ee; dusk-on hooh.

LITERARY FORMS	IMITATED PRONUN.
dysgais	dusk-ayss
dysgaist	dusk-ayst
dysgodd	dusk-odd
dysgasom	dusk-ass-om
dysgasoch	dusk-ass-och
dysgasant	dusk-ass-ant

The direct object of inflected verbs suffers soft mutation:

VERB	SUBJECT	DIRECT OBJECT	
dysgodd	**Gwyneth**	**Gymraeg**	(< **Cymraeg** 'Welsh')

Often a preverbial particle, **mi** in North Wales and **fe** in South Wales, is placed in front of the affirmative form of an inflected verb. Both **mi** and **fe** cause the first letter of the verb they preceed to suffer soft mutation:

Fe ddysgodd Gwyneth Gymraeg. (SW)   Gwyneth learned Welsh.

Mi ddysgodd Gwyneth Gymraeg. (NW)   Gwyneth learned Welsh.

IMITATED PRONUNCIATION: veh ddusk-odd gwinn-eth gum-**ryeg**; mee ddusk-odd gwinn-eth gum-**ryeg**.

The preverbial particle is usually omitted in speech, but the mutation it causes remains:

'Ddysgodd Gwyneth Gymraeg.   Gwyneth learned Welsh.

Vocabulary

ennill (enill-)	/ˈɛnɪɬ/	to win
y ras (*f*)	/rɑːs/	race, **rasys** (*pl*) /ˈrasɪs/
y swn (*m*)	/suːn/	noise, **swnfeydd** (*pl*) /sʊnˈvəɪð/
codi (cod-)	/ˈkɒdi/	to get up, to lift, to build
moddion (*pl*)	/ˈmɒðjɒn/	medicine

gweithio **(gweithi-)**	/'gwəiθjo/	to work
yn galed	/ən 'gɑːlɛd/	hard (ad)
gweld (gwel-)	/gwɛld/	to see
y ffilm (f)	/fɪlm/	film, **ffilmiau** (pl) /'fɪlmjɛ/
gwisgo (gwisg-)	/'gwɪsgo/	to dress
y wal (f)	/wal/	wall, **welydd** (pl) /'wɛlɪð/
y llythyr (m)	/'ɬəθɪr/	letter (correspondence), **llythyron** (pl) /ɬəθ'ərɒn/
peintio (peinti-)	/'pəintjo/	to paint

IMITATED PRONUNCIATION: en-i<u>lh</u>; rahss, rass-iss; soohn, soon-**veydd**; kod-ee; mo<u>dd</u>-yon; gweyth-yoh; un gah-led; gweld; film, film-yeh; gwisk-oh; wal, wel-i<u>dd</u>; <u>lh</u>uh-thirr, <u>lh</u>uh-thuh-reh; peynt-yoh.

Exercise 33

Translate:
1 I learned Welsh.
2 Marc won the race.
3 We heard the noise.
4 They got up.
5 He took the medicine.
6 She worked hard.
7 The children saw the film.
8 I got dressed.
9 You painted the wall. (*fam*)
10 I wrote a letter.

28b The interrogative forms

To ask a question using the past tense, simply softly mutate the first letter of the verb:

ddysgoch chi?	did you learn?
fwytodd e?	did he eat?

Here are the personal inflected forms:

ddysgais i?	did I learn?
ddysgaist ti?	did you learn (*fam*)?

ddysgodd e?	did he learn?
ddysgodd hi?	did she learn?
ddysgodd Gwyneth?	did Gwyneth learn?
ddysgon ni?	did we learn?
ddysgoch chi?	did you learn?
ddysgon nhw?	did they learn?

IMITATED PRONUNCIATION: <u>dd</u>usk-ess ee; <u>dd</u>usk-est ee; <u>dd</u>usk-o<u>dd</u> eh; <u>dd</u>usk-o<u>dd</u> hee; <u>dd</u>usk-o<u>dd</u> gwinn-eth; <u>dd</u>usk-on ee; <u>dd</u>usk-o<u>ch</u> ee; <u>dd</u>usk-on hooh.

LITERARY FORMS

a ddysgais?	**a ddysgasom?**
a ddysgaist?	**a ddysgasoch?**
a ddysgodd?	**a ddysgasant?**

The response to such past inflected questions is **do** 'yes' and **naddo** 'no' - the same as with the past tense of **bod** (see **Section 23b**).

28c The negative forms

To form the negative with the past tense, place **ddim** after the inflected form, and mutate the initial consonant:

ASPIRATE MUTATION

p	>	ph	**pheintiais i ddim**	I didn't paint
t	>	th	**throiodd e ddim**	he didn't turn
c	>	ch	**cherddodd hi ddim**	she didn't walk

SOFT MUTATION

b	>	f	**fwyton ni ddim**	we didn't eat
d	>	dd	**ddarllenoch chi ddim**	you didn't read
g	>	–	**weithiodd e ddim**	he didn't work
m	>	f	**feddyliais i ddim**	I didn't think
ll	>	l	**lanwon nhw ddim**	they didn't fill
rh	>	r	**redaist ti ddim**	you didn't run (*fam*)

IMITATED PRONUNCIATION: feynt-yes ee <u>dd</u>im; throy-o<u>dd</u> eh <u>dd</u>im; <u>ch</u>erdd-o<u>dd</u> hee <u>dd</u>im; vooy-ton ee <u>dd</u>im; <u>dd</u>arr-<u>lh</u>en-o<u>ch</u> ee <u>dd</u>im; weyth-yo<u>dd</u> eh <u>dd</u>im; ve<u>dd</u>-ul-yes ee <u>dd</u>im; lan-won hooh <u>dd</u>im; red-est ee <u>dd</u>im.

The initial mutations (particularly the aspirate mutation) are not that common in spoken Welsh - the **ddim** being enough to show that the verb is negative.

When the direct object of a negative inflected verb is indefinite (for example, in English: 'a paper', 'papers') it is not mutated:

Welais i ddim papur.   I didn't see any paper/a paper.
Welais i ddim papurau.   I didn't see any papers.

IMITATED PRONUNCIATION: wel-ess ee ddim pap-irr; wel-ess ee ddim pap-eerr-eh.

When the direct object of an inflected verb is definite (for example: 'the paper', 'the papers', 'Huw') **ddim o** is used:

Welais i ddim o'r papur.   I didn't see the paper.
                               (*lit* I saw nothing of the paper)
Welais i ddim o'r papurau.   I didn't see the papers.
                               (*lit* I saw nothing of the papers)
Welais i ddim o Huw.   I didn't see Huw.
                               (*lit* I saw nothing of Huw)

IMITATED PRONUNCIATION: wel-ess ee ddim ohrr pap-irr; wel-ess ee ddim ohrr pap-eer-eh; wel-ess ee ddim oh hiw.

O 'of/from' is a conjugated preposition (see **Section 20**):

ohonof i	of me
ohonot ti	of you (*fam*)
ohono fe	of him
ohoni hi	of her
o Mair	of Mair (Personal names do not mutate.)
o'r plant	of the children
ohonon ni	of us
ohonoch chi	of you
ohonyn nhw	of them

IMITATED PRONUNCIATION: oh-hon-o(v) ee; oh-hon-ot ee; oh-hon-oh veh; oh-hon-ee hee; oh myerr; ohr plannt; oh-hon-on ee; oh-hon-och ee; oh-hon-in hooh.

```
LITERARY FORMS
ohonof    ohonom
ohonot    ohonoch
ohono     ohonynt
ohoni
```

Therefore, 'I didn't see him' is translated as: **Welais i ddim ohono fe.** This can be shortened to: **Welais i mohono fe.**

The word **neb** 'no-one' (IP: nehb) is itself negative, and so does not need **ddim**:

Welais i neb.   I didn't see anyone.   (*lit* I saw no-one)

Vocabulary

canu (can-)	/ˈkɑ:ni/	to sing; to ring
y ffôn (*m*)	/fo:n/	telephone, **ffonau** (*pl*) /ˈfo:nɛ/
y wobr (*f*)	/ˈgwo:bor/	prize, **gwobrau** (*pl*) /ˈgwɒbrɛ/
adref	/ˈadrɛ(v)/	home(wards)
gartref	/ˈgartrɛ(v)/	at home
y carped (*m*)	/ˈkarpɛd/	carpet, **carpedi** (*pl*) /karˈpɛdi/
gadael (gadaw-)	/ˈgɑ:dɛl/	to leave
y clwb (*m*)	/klʊb/	club, **clybiau** (*pl*) /ˈkləbjɛ/
colli (coll-)	/ˈkɒɬi/	to miss, to lose, to spill
y trên (*m*)	/tre:n/	train, **trenau** (*pl*) /ˈtre:nɛ/
galw (galw-)	/ˈgɑ:lu/	to call

IMITATED PRONUNCIATION: kah-nee; fohn, foh-neh; gwoh-borr, gwob-reh; ad-re(v); garr-tre(v); karr-ped, karr-ped-ee; gah-del; kloob; klub-yeh; ko<u>lh</u>-ee; trehn, treh-neh; gah-looh.

Exercise 34

Translate
1 The phone rang.
2 I didn't read the paper.
3 Did Siôn win a prize?
4 We ran home.

5 Did you write a letter?
6 You didn't wash the carpet.
7 He left the club.
8 She didn't miss the train.
9 Did Mair call?
10 Did you hear the news?

29 The immediate perfect of the present tense

In Welsh, phrases like 'he has just gone' are expressed by substituting the adjective **newydd** for **wedi**. Since **newydd** precedes the word it describes, it causes the soft mutation (see **Section 8**):

Mae e newydd fynd.	He has just gone.
Maen nhw newydd gyrraedd.	They've just arrived.
Dw i newydd gofio.	I've just remembered.

IMITATED PRONUNCIATION: my eh new-<u>idd</u> vinnd; mine hooh new-<u>idd</u> guh-ra(y)<u>dd</u>; (d)wee new-<u>idd</u> gov-yoh.

Note the differences between the following sentences:

Mae Gruffydd yn mynd.	Gruffydd is going/goes.
Mae Gruffydd wedi mynd.	Gruffydd has gone.
Mae Gruffydd newydd fynd.	Gruffydd has just gone.
Roedd Gruffydd yn mynd.	Gruffydd was going.
Roedd Gruffydd wedi mynd.	Gruffydd had gone.
Roedd Gruffydd newydd fynd.	Gruffydd had just gone.

IMITATED PRONUNCIATION: my griff-<u>idd</u> un minnd; my griff-<u>idd</u> wed-ee minnd; my griff-<u>idd</u> new-<u>idd</u> vinnd; roy<u>dd</u> griff-<u>idd</u> un minnd; roy<u>dd</u> griff-<u>idd</u> wed-ee minnd; roy<u>dd</u> griff-<u>idd</u> new-<u>idd</u> vinnd;

Vocabulary

cyrraedd (cyrhaedd-)	/ˈkəra(i)ð/	to arrive
pasio (pasi-)	/ˈpaʃo/	to pass
ymddeol (ymddeol-)	/əmˈðeːɒl/	to retire

IMITATED PRONUNCIATION: kuh-ra(y)<u>dd</u>; pash-oh; um-<u>dd</u>eh-ol.

Exercise 35

Translate
1 I've just remembered.
2 The children have gone.
3 The news had just gone out.
4 The paper's just arrived.
5 You've passed.
6 The family had just arrived.
7 She has retired.
8 He had just left.
9 Gruffydd had just got up.
10 They have been.

30 Comparison of adjectives

The Welsh pattern of comparing adjectives is very similar to that of English:

(i) Equative

Welsh: **mor** (SM) + adjective + **â** (AM)
English: as   + adjective + as

For example: **mor goch â**   as red as

> The pattern in literary Welsh is as follows:
>
> **cyn** (SM) + adjective + **-ed** + **â** (AM)
>
> For example:
>
> **cyn goched â**   as red as
> **cyn gryfed â**   as strong as

(ii) Comparative

Welsh: adjective + **-ach** + **na** (AM)
English: adjective + -er   + than

For example: **cochach na**   redder than

IMPORTANT

The prefixed pronouns **ei** 'his/her', **ein** 'our', **eich** 'your' and **eu** 'their' are shortened to **'i**, **'n**, **'ch** and **'u** respectively after **â** and **na** (also after **a** 'and' and **gyda** 'with'). For example:

Mae e mor dal â'i dad.   He is as tall as his father.
Mae e'n dalach na'i dad.   He is taller than his father.

(iii) Superlative

Welsh: adjective + **-af**
English: adjective + -est

For example: **cochaf**   reddest

If an adjective ends in **b**, **d** or **g**, it becomes **p**, **t** or **c** respectively in the comparative and superlative forms. For example:

RADICAL FORM	COMPARATIVE FORM	SUPERLATIVE FORM
gwlyb 'wet'	**gwlypach** 'wetter'	**gwlypaf** 'wettest'
rhad 'cheap'	**rhatach** 'cheaper'	**rhataf** 'cheapest'
teg 'fair'	**tecach** 'fairer'	**tecaf** 'fairest'

IMITATED PRONUNCIATION: g(w)leeb, g(w)luh-pa<u>ch</u>, g(w)luh-pa(v); rhahd, rhat-a<u>ch</u>, rhat-a(v); tehg, tek-a<u>ch</u>, tek-a(v).

With adjectives of more than one syllable, where 'more' and 'most' or 'less' and 'least' occur in English, **mwy** and **mwyaf**, **llai** and **lleiaf**, respectively, occur in Welsh:

mwy diddorol	more interesting
mwyaf diddorol	most interesting
llai diddorol	less interesting
lleiaf diddorol	least interesting

IMITATED PRONUNCIATION: mooy di<u>dd</u>-oh-rol; mooy-a(v) di<u>dd</u>-oh-rol; <u>lh</u>aye di<u>dd</u>-oh-rol; <u>lh</u>ey-a(v) di<u>dd</u>-oh-rol.

Vocabulary

y banciwr (*m*)	/ˈbankjʊr/	banker, **bancwyr** (*pl*)	/ˈbankwɪr/
doniol	/ˈdɒnjɒl/	funny	
y ddrama (*f*)	/ˈdrɑːma/	play, **dramâu** (*pl*)	/dramˈai/
tew	/tɛu/	fat	
tenau	/ˈteːnɛ/	thin	
y gŵr (*m*)	/guːr/	husband, **gwŷr** (*pl*)	/gwiːr/

IMITATED PRONUNCIATION: bannk-yoorr, bank-wirr; don-yol; drah-ma, dra-**my**; tew; teh-neh; goohrr, gweerr.

Exercise 36

Translate according to the example:

Siôn is as tall as Mair.   **Mae Siôn mor dal â Mair.**

1 The banker is as rich as the teacher.
2 I'm as tall as my father.
3 Anthony Hopkins is as famous as Richard Burton.
4 The film is as funny as the play.
5 She's as fat as her husband.

Siôn is taller than Mair.   **Mae Siôn yn dalach na Mair.**

6 The banker is richer than the teacher (*m*).
7 I'm taller than my father.
8 Anthony Hopkins is more famous than Richard Burton.
9 The film is funnier than the play.
10 She's fatter than her husband.

Siôn is the tallest (one).   **Siôn yw'r un talaf.**

11 The banker is the richest.
12 I'm the tallest.
13 Anthony Hopkins is the most famous.
14 The film is the funniest.
15 She is the fattest.

There are a number of irregular adjectives in Welsh. Here are the most common:

RADICAL	EQUATIVE	COMPARATIVE	SUPERLATIVE
mawr 'big'	**cymaint â**	**yn fwy na**	**mwyaf**
bach 'small'	**cyn lleied â**	**yn llai na**	**lleiaf**
da 'good'	**cystal â**	**yn well na**	**gorau**
drwg 'bad'	**cynddrwg â**	**yn waeth na**	**gwaethaf**
cynnar 'early'	**cyn gynted â**	**yn gynt na**	**cyntaf**
uchel 'high'	**cyfuwch â**	**yn uwch na**	**uchaf**
isel 'low'	**mor isel â**	**yn is na**	**isaf**
hawdd 'easy'	**mor hawdd â**	**yn haws na**	**hawsaf**
anodd 'difficult'	**mor anodd â**	**yn anos na**	**anhawsaf**

IMITATED PRONUNCIATION: mawrr, kuh-myent ah, un vooy nah, mooy-a(v); bah<u>ch</u>, kin <u>lh</u>ey-ed ah, un <u>lh</u>aye nah, <u>lh</u>ey-a(v); dah, kuss-tal ah, un weh<u>lh</u> nah, goh-reh; droohg, kun-<u>dd</u>roohg ah, un wyeth nah, gweyth-a(v); kuh-narr, kin gun-ted ah, un ginnt nah, kun-ta(v); ee-<u>ch</u>el, kuv-iw<u>ch</u> ah un iw<u>ch</u> nah, ee-<u>ch</u>a(v); ee-sel, mohrr ee-sel ah; un ees nah; ee-sa(v); haw<u>dd</u>, mohrr haw<u>dd</u> ah; un hawss nah; hawss-a(v); ah-no<u>dd</u>, mohrr ah-no<u>dd</u> ah, un ah-noss nah, an-hawss-a(v).

The equative forms can be used adverbially:

Mae'r tywydd mor braf.	The weather is so fine.
Canodd y plant mor bert.	The children sang so prettily.

IMITATED PRONUNCIATION: mayrr tuw-i<u>dd</u> mohrr brahv; kah-no<u>dd</u> uh plannt mohr berrt.

The irregular forms can suffer soft mutation when used in this way. For example:

Does dim eisiau bwyta gymaint.	There's no need to eat so much.
Dw i ddim yn cofio gweld yr ardd yn edrych gystal.	I can't (don't) remember seeing the garden look so good.

IMITATED PRONUNCIATION: (doy)ss dim ee-seh booy-ta guh-maynt; dwee <u>dd</u>im un kov-yoh gweld uh rarr<u>dd</u> yn ed-ri<u>ch</u> guss-tal.

31 More numerals

After ten, there are two ways of counting in Welsh. The traditional, way has **ugain** 'twenty' as the base (hence it is called the 'vigesimal' system), whereas the more modern, decimal system has **deg** 'ten' (as in English). The decimal system is simpler, and is widely used in schools. However, the vigesimal system is still used when telling time and dates. Here are some more numerals in both systems:

	DECIMAL	VIGESIMAL
11	un deg un	un ar ddeg
12	un deg dau	deuddeg
13	un deg tri	tri ar ddeg
14	un deg pedwar	pedwar ar ddeg
15	un deg pump	pymtheg
16	un deg chwech	un ar bymtheg
17	un deg saith	dau ar bymtheg
18	un deg wyth	deunaw
19	un deg naw	pedwar ar bymtheg
20	dau ddeg	ugain
21	dau ddeg un	un ar hugain
22	dau ddeg dau	dau ar hugain
23	dau ddeg tri	tri ar hugain
30	tri deg	deg ar hugain
31	tri deg un	un ar ddeg ar hugain
40	pedwar deg	deugain
41	pedwar deg un	un a deugain
50	pum deg	hanner cant
60	chwe deg	trigain
70	saith deg	deg a thrigain
80	wyth deg	pedwar ugain
90	naw deg	deg a phedwar ugain
100	cant	cant

IMITATED PRONUNCIATION:
Decimal: een dehg een; een dehg die; een dehg tree; een deg ped-warr; een dehg pimp; een dehg <u>ch</u>weh<u>ch</u>; een dehg syeth; een dehg ooyth; een dehg naw; die <u>dd</u>ehg; die <u>dd</u>ehg een; die <u>dd</u>ehg die; die <u>dd</u>ehg tree; tree dehg; tree dehg een; ped-warr dehg; ped-warr dehg een; pim dehg; <u>ch</u>weh dehg; sayth dehg; ooyth dehg; naw dehg; kannt.

Vigesimal: een arr <u>dd</u>ehg; dey-<u>dd</u>eg; tree arr <u>dd</u>ehg; ped-warr arr <u>dd</u>ehg; pum-theg; een arr bum-theg; die arr bum-theg; dey-naw;

ped-warr arr bum-theg; ee-gen; een arr hee-gen; die arr hee-gen; tree arr
hee-gen; dehg arr hee-gen; een arr <u>dd</u>ehg arr hee-gen; dey-gen; een arr
dey-gen; han-err kannt; tree-gen; dehg ah three-gen; ped-warr ee-gen;
dehg ah fed-warr ee-gen; kannt.

Exercise 37

*Complete the following sums, writing the answers as words, and using
the decimal system:*

a)	10	+	10	=		g)	40	+	30	=
b)	10	+	12	=		h)	12	+	60	=
c)	11	+	20	=		i)	40	+	45	=
d)	26	+	20	=		j)	43	+	50	=
e)	30	+	27	=		k)	19	+	80	=
f)	28	+	40	=		l)	50	+	50	=

32 Telling the time

In English there are two main ways of telling the time: it's either
'half past one' or 'one thirty'. In Welsh, however, there is only
one way:

hanner awr wedi un   *lit* half (an) hour after one

The following sentences should be learned thoroughly:

Faint o'r gloch yw hi?	What time is it?
Mae'n un o'r gloch	It's one o'clock
Mae'n ddau o'r gloch	It's two o'clock
Mae'n dri o'r gloch	It's three o'clock
Mae'n bedwar o'r gloch	It's four o'clock
Mae'n ddeg munud wedi dau	It's ten past two
Mae'n chwarter wedi dau	It's quarter past two
Mae'n ugain munud wedi dau	It's twenty past two
Mae'n bum munud ar hugain wedi dau	It's twenty five past two
Mae'n hanner awr wedi dau	It's half past two
Mae'n chwarter i dri	It's quarter to three
Am faint o'r gloch?	At what time?

Am ddeg o'r gloch y bore   At ten o'clock in the morning
Am ddeg o'r gloch y nos   At ten o'clock at night

IMITATED PRONUNCIATION: vyent ohrr gloh<u>ch</u> iw hee; mine een ohrr gloh<u>ch</u>; mine <u>dd</u>ie ohrr gloh<u>ch</u>; mine dree ohrr gloh<u>ch</u>; mine bed-warr ohrr gloh<u>ch</u>; mine <u>dd</u>ehg meen-id wed-ee die; mine <u>ch</u>warr-terr wed-ee die; mine ee-gen meen-id wed-ee die; mine bim meen-id ar hee-gen wed-ee die; mine han-err awr wed-ee die; mine <u>ch</u>warr-terr ee dree; am vyent ohrr gloh<u>ch</u>; am <u>dd</u>ehg ohrr gloh<u>ch</u> uh boh-reh; am <u>dd</u>ehg ohrr gloh<u>ch</u> uh nohss.

Vocabulary

y brecwast (*m*)	/ˈbrɛkwasd/	breakfast	
y cinio (*m*)	/ˈkɪnjo/	dinner, lunch	
y te (*m*)	/teː/	tea	
y swper (*m*)	/ˈsʊpɛr/	supper	
y funud (*f*)	/ˈmiːnɪd/	minute, **munudau** (*pl*)	/minˈiːdɛ/
yr awr (*f*)	/aur/	hour, **oriau** (*pl*)	/ˈɒrjɛ/
yr hanner (*m*)	/ˈhanɛr/	half, **haneri** (*pl*)	/hanˈɛri/
cael	/kail	to get, have	

IMITATED PRONUNCIATION: brek-wasst; kin-yoh; teh; soop-err; meen-id, min-ee-deh; awrr, orr-yeh; han-err, han-err-ee; kile.

Exercise 38

Answer the following questions:

Am faint o'r gloch mae Mair   What time does Mair get up?
  yn codi?   (7.00 am)
Mae Mair yn codi am saith   Mair gets up at seven o'clock.
  o'r gloch.

1 Am faint o'r gloch mae Mair yn cael brecwast?   **8.00 am**
2 Am faint o'r gloch mae hi'n cyrraedd y gwaith?   **9.00 am**
3 Am faint o'r gloch mae hi'n cael coffi?   **10.30 am**
4 Am faint o'r gloch mae hi'n cael cinio?   **12.25 pm**
5 Am faint o'r gloch mae hi'n mynd adre?   **4.45 pm**

Vocabulary

chwech	/χwe:χ/	six
aros (arhos-)	/'ɑ:rɒs/	to wait
yr orsaf (*f*)	/'gɒrsav/	station, **gorsafoedd** (*pl*) /gɒr'sɑ:vɒɪð/
tu ôl i (SM)	/ti 'o:l i/	behind
y cownter (*m*)	/'kountɛr/	counter, **cownteri** (*pl*) /koun'tɛri/
gaf fi ... ?	/'gɑ:v vi/	may I have ...? (see **Section 56**)
y tocyn (*m*)	/'tɒkɪn/	ticket, **tocynnau** (*pl*) /tɒk'ənɛ/
y ffordd (*f*)	/fɒrð/	way, **ffyrdd** (*pl*) /fɪrð/
bwriadu (bwriad-)	/bʊr'jɑ:di/	to intend
curo	/'ki:ro/	to beat
Ffrainc	/fraiŋk/	France
y siawns (*f*)	/ʃauns/	chance
yn rhwydd	/ən 'r̥ʊið/	easily
yr wythnos (*f*)	/'ʊiθnɒs/	week, **wythnosau** (*pl*) /ʊiθ'nɒsɛ/
diwethaf	/dɪw'ɛθa(v)/	last
dim ond i ...	/dɪm 'ɒnd i/	so long as ...
cadw (cadw-)	/'kɑ:du/	to keep
y pen (*m*)	/pɛn/	head, **pennau** (*pl*) /'pɛnɛ/
sefyll (saf-)	/'sɛvɪɫ/	to stand
y platfform (*m*)	/'platfɒrm/	platform (railway station), **platfformau** (*pl*) /plat'fɒrmɛ/
Cymru	/'kəmri/	Wales
am byth	/am 'bɪθ/	forever (see **Section 68**)

IMITATED PRONUNCIATION: <u>ch</u>weh<u>ch</u>; ah-ross; gorr-sav, gorr-sah-voy<u>dd</u>; tee-ohl-ee; kown-terr, kown-terr-ee; gah vee; tok-in, tok-uh-neh; forr<u>dd</u>, firr<u>dd</u>; boor-yah-dee; kee-roh; fryenk; shawnss; un rhooy<u>dd</u>; uh rooyth-noss, rooyth-noss-eh; diw-eth-a(v); dim-ond-ee; kah-dooh; pen, pen-eh; sev-i<u>lh</u>; plat-forrm, plat-forrm-eh; kum-ree; am-**bith**.

SGWRS

Mae Iwan yn aros yn yr orsaf i ddal y trên i Gaerdydd.

Iwan	Bore da. Gaf fi docyn dwy ffordd i Gaerdydd os gwelwch yn dda?
Merch tu ôl i'r cownter	Ydych chi'n bwriadu dod yn ôl heddiw, syr?
Iwan	Ydw, dw i'n mynd i weld y gêm rhwng Cymru a Ffrainc.
Merch tu ôl i'r cownter	Ydych chi'n credu bod siawns gyda ni? Curodd Ffrainc Loegr yn rhwydd yr wythnos diwetha(f).
Iwan	Ydw, ydw. Dim ond i'r bechgyn gadw eu pennau. Faint o'r gloch yw hi nawr?
Merch tu ôl i'r cownter	Deg munud wedi naw. Mae trên Caerdydd yn sefyll ar Blatfform Dau. Mae'n mynd mewn chwarter awr - am bum munud ar hugain wedi naw.
Iwan	Diolch yn fawr, a hwyl fawr i chi nawr.
Merch tu ôl i'r cownter	Hwyl fawr i chi, a CHYMRU AM BYTH!

TRANSLATION

Iwan is waiting in the railway station to catch the train to Cardiff.

Iwan	Good morning. May I have a return ticket to Cardiff, please?
Girl behind counter	Do you intend returning today, sir?
Iwan	Yes. I'm going to see the game between Wales and France.
Girl behind counter	Do you think that we have a chance? France beat England easily last week.
Iwan	Yes, so long as the boys keep their heads. What's the time now?
Girl behind counter	Ten past nine. The Cardiff train is standing on platform two. It's going in a quarter of an hour - at twenty five past nine.
Iwan	Thanks very much, and all the best to you now.
Girl behind counter	All the best to you, and WALES FOREVER!

Lesson 7

33 The past tense of irregular verbs

We have already come across the irregular verb **bod**. Here are some other important ones:

mynd	to go	**gwneud**	to do, make
dod	to come	**cael**	to get, obtain

33a Affirmative forms

MYND		DOD	
es i	I went	**des i**	I came
est ti	you went (*fam*)	**dest ti**	you came (*fam*)
aeth e, o (NW)	he went	**daeth e, o** (NW)	he came
aeth hi	she went	**daeth hi**	she came
aeth Siân	Siân went	**daeth Siân**	Siân came
aeth y plant	the children went	**daeth y plant**	the children came
aethon ni	we went	**daethon ni**	we came
aethoch chi	you went	**daethoch chi**	you came
aethon nhw	they went	**daethon nhw**	they came

GWNEUD		CAEL	
gwnes i	I did/made	**ces i**	I got
gwnest ti	you did/made (*fam*)	**cest ti**	you got (*fam*)
gwnaeth e, o (NW)	he did/made	**cafodd e, o** (NW)	he got
gwnaeth hi	she did/made	**cafodd hi**	she got
gwnaeth Siân	Siân did/made	**cafodd Siân**	Siân got
gwnaeth y plant	the children did/made	**cafodd y plant**	the children got
gwnaethon ni	we did/made	**cawson ni**	we got
gwnaethoch chi	you did/made	**cawsoch chi**	you got
gwnaethon nhw	they did/made	**cawson nhw**	they got

IMITATED PRONUNCIATION:

mynd: minnd; ehss ee; ehss tee; ieth eh; ieth hee; ieth shahn; ieth uh plannt; ey-thon ee; ey-tho<u>ch</u> ee; ey-thon hooh.

dod: dohd; dehss ee; dehss tee; dieth eh; dieth hee; dieth shahn; dieth uh plannt; dey-thon ee; dey-tho<u>ch</u> ee; dey-thon hooh.

gwneud: (gw)neyd; (gw)nehss ee; (gw)nehss tee; (gw)nyeth eh; (gw)nyeth hee; (gw)nyeth shahn; (gw)nyeth uh plannt; (gw)ney-thon ee; (gw)ney-tho<u>ch</u> ee; (gw)ney-thon hooh.

cael: kayl; kehss ee; kehss tee; kah-vo<u>dd</u> eh; kah-vo<u>dd</u> hee; kah-vo<u>dd</u> shahn; kah-vo<u>dd</u> uh plannt; kaw-sonn ee; kaw-so<u>ch</u> ee; kaw-sonn hooh.

LITERARY FORMS			
mynd	**dod**	**gwneud**	**cael**
euthum	deuthum	gwneuthum	cefais
aethost	daethost	gwnaethost	cefaist
aeth	daeth	gwnaeth	cafodd
aethom	daethom	gwnaethom	cawsom
aethoch	daethoch	gwnaethoch	cawsoch
aethant	daethant	gwnaethant	cawsant

Vocabulary

y bws (*m*)	/bʊs/	bus, **bysiau** (*pl*)	/'bəʃɛ/
yn dda	/ən 'ða:/	well (*ad*)	
cynnar	/'kənar/	early, **yn gynnar** (*ad*)	
y deisen (*f*)	/'ti:ʃen/	cake, **teisennau** (*pl*)	/tiʃ'ɛnɛ/

IMITATED PRONUNCIATION: booss; buh-sheh; un-**ddah**; kuh-narr, un-guh-narr; tee-shen; tee-shen-eh.

Exercise 39

Translate:

1 I went to town yesterday.
2 Everyone had a good time.
3 You did well.
4 We came on the bus.
5 The children went home.
6 They had (got) dinner.
7 You made (the) tea. (*fam*)

8 A lot of people came.
9 The train went early.
10 I made a cake.

33b Interrogative & negative forms

Grammatically, the irregular verbs operate in exactly the same way as regular verbs, and so their interrogative and negative forms, together with the mutations they suffer, follow the same rules as those of the regular verbs (see **Section 28**):

INTERROGATIVE (SM)

Aethon nhw?	Did they go?
Ddaeth y plant?	Did the children come?
Wnaeth Dafydd yn dda?	Did Dafydd do well?
Gawsoch chi frecwast?	Did you have breakfast?

IMITATED PRONUNCIATION: ey-thon hooh; ddieth uh plannt; (w)nieth dah-vidd un ddah; gaw-soch ee vrek-wasst.

Here are some useful interrogatives:

Beth wnaethoch chi?	What did you do?
Beth gawsoch chi?	What did you have?
Ble aethoch chi?	Where did you go?

IMITATED PRONUNCIATION: beh(th w)neyth-och ee; beh(th) gaw-soch ee; bleh eyth-och ee.

NEGATIVE

Aethon nhw ddim.	They didn't go.
Ddaeth y plant ddim.	The children didn't come.
Wnaeth Dafydd ddim yn dda.	Dafydd didn't do well.
Chawsoch chi ddim brecwast.	You didn't have breakfast.

IMITATED PRONUNCIATION: ey-thon hooh ddim; ddieth uh plannt ddim; (w)nieth dah-vidd ddim un ddah; chaw-soch ee ddim brek-wasst.

Vocabulary

pwy?	/pωi/	who?
coffi (*m*)	/ˈkɒfi/	coffee

digon	/'diːɡɒn/	enough
dim byd	/dɪm 'biːd/	nothing
gwrando (ar)	/'ɡwrando (ar)/	listen (to)

IMITATED PRONUNCIATION: pooy; koff-ee; dee-gon; dim-**beed**; gwrand-oh (arr).

Exercise 40
Translate:
1 Who made the coffee?
2 No-one went early.
3 Alun didn't come.
4 Did you make (the) dinner?
5 What did he do?
6 Did you have enough?
7 We didn't go to (the) town yesterday.
8 Did you come by (on the) train?
9 I didn't do anything. (*lit* I did nothing.)
10 They didn't come by (on the) train.

34 'Mynd â' and 'dod â'

In Welsh 'to take' and 'to bring' are expressed as **mynd â** and **dod â** (*lit* 'to go with' and 'to come with'). For example:

Es i â'r ci am dro.	I took the dog for a walk.
Dw i'n mynd â'r arian i'r banc.	I'm taking the money to the bank.
Roedden ni'n mynd i ddod â llaeth.	We were going to bring (some) milk.

IMITATED PRONUNCIATION: ehs ee arr kee am droh; dween minnd ar arr-yan eerr bank; ro(ydde)n een minnd ee ddohd ah lhieth.

In written Welsh, **â** causes the first letter of the following word to suffer aspirate mutation: **p > ph; t > th; c > ch**. This mutation is seldom heard in spoken Welsh. For example:

Dewch â photel.	Bring a bottle.	(< **potel**)
		(see **Section 48**)
Aethon nhw â thegell.	They took a kettle.	(< **tegell**)
Daeth hi â chyfaill.	She brought a friend.	(< **cyfaill**)

IMITATED PRONUNCIATION: dew<u>ch</u> ah fot-el; eyth-on hooh ah theh-ge<u>lh</u>; dieth hee a <u>ch</u>uh-ve<u>lh</u>.

Ag is the form of **â** before a vowel:

Des i ag afal.	I brought an apple.
Cofiwch eich bod chi'n	Remember to (that you) take
mynd ag arian.	money.

IMITATED PRONUNCIATION: dehs ee ag ah-val; kov-yoo<u>ch</u> (u<u>ch</u>) bohd <u>ch</u>een minnd ag arr-yan.

However, the verb **cymryd** is used in expressions like 'to take medicine', 'to take advice', etc.:

Dw i'n cymryd moddion	I'm taking medicine for the cold.
at yr annwyd.	
Cymerais i gyngor fy nhad.	I took my father's advice.

IMITATED PRONUNCIATION: dween kum-rid mo<u>dd</u>-yon at ur ann-ooyd; kum-eh-ress ee gung-orr (v)un hahd.

Vocabulary

y cyngor (*m*)	/ˈkəŋɒr/	advice, **cynghorion** (*pl*)	
		/kəŋˈhoːrɛ/	
y tegell (*m*)	/ˈtɛgɛɬ/	kettle, **tegellau** (*pl*)	/tɛgˈɛɬɛ/
y botel (*f*)	/ˈpɒtɛl/	bottle, **poteli** (*pl*)	/pɒtˈɛli/
mynd am dro	/mɪnd am ˈdroː/	to go for a walk	
y crynoddisg (*m*)	/ˈkrənoðɪsg/	compact disk (CD), **crynoddisgiau** (*pl*) /krənoˈðɪsgjɛ/	
y fitamin (*m*)	/ˈvɪtəmɪn/	vitamin, **fitaminau** (*pl*) /vɪtəˈmɪnɛ/	
y record (*f*)	/ˈrɛkɒrd/	record, **recordiau** (*pl*) /rɛkˈɒrdjɛ/	
y blodyn (*m*)	/ˈblɒdɪn/	flower, **blodau** (*pl*)	/ˈbloːdɛ/
i'r ysgol	/iːr ˈəsgɒl/	to school	

IMITATED PRONUNCIATION: kung-orr, kung-horr-yon; teg-e<u>lh</u>, teg-e<u>lh</u>-eh; pot-el, pot-el-ee, minnd am dro; **krun**-oh-<u>dd</u>isk, krun-oh-<u>dd</u>isk-yeh; **vit**-uh-min, vit-uh-min-eh; rek-orrd, rek-orrd-yeh; blod-in, bloh-deh; eerr uss-kol.

Exercise 41

Translate:
1 She took the book home.
2 Gwyn is going to bring (some) CDs.
3 I take vitamins every day.
4 We were going to take (some) records.
5 The children brought (some) flowers.
6 They took the children to school.

35 The conjugated preposition 'i'

Quite a number of Welsh prepositions are conjugated (see **Section 20**). Here is a very important one: **i**, meaning 'to' or 'for'.

i mi	to me, for me
i ti	to you, for you (*fam*)
iddo fe/fo (NW)	to him, for him
iddi (hi)	to her, for her
i Helen	to Helen, for Helen
i'r plant	to the children, for the children
i ni	to us, for us
i chi	to you, for you
iddyn nhw	to them, for them

IMITATED PRONUNCIATION: ee-**mee**; ee-**tee**; ee-<u>dd</u>oh veh/voh; ee-<u>dd</u>ee (hee); ee hel-en; eerr plannt; ee-**nee**; ee-**chee**; ee-<u>dd</u>in hooh;

36 Expressing obligation

In Welsh 'I must'/'I have to' is expressed by combining **rhaid** ('necessity') with one of the personal forms of **i**:

Rhaid i mi fynd.	I must go. (*lit* There is a necessity for me to go.)
Rhaid i chi wrando.	You must listen.

Note that the first letter of the infinitive (**mynd** and **gwrando**) is mutated. This remains the case even if a noun, which itself is mutated, intervenes:

Rhaid i rywun fynd.   Someone must go. (< **rhywun** 'someone')

IMITATED PRONUNCIATION: rhide ee mee vinnd; rhide ee chee wran-doh; rhide ee riw-in vinnd.

Passive sentences like 'Rules must be obeyed.' are expressed by getting rid of **i** altogether:

Rhaid prynu bara.   Bread must be bought.
Rhaid bwydo'r ci.   The dog must be fed.

IMITATED PRONUNCIATION: rhide pruh-nee bah-ra; rhide booyd-ohrr kee.

Sometimes **mae** is placed in front of **rhaid** in the present tense:

Mae rhaid i mi fynd.   I must go.

Because **rhaid** is indefinite, **oes** is used in questions and **does dim** is used in negative sentences:

Oes rhaid i mi fynd?   Do I have to go?
Oes rhaid i mi wrando?   Do I have to listen?
Does dim rhaid i mi fynd.   I don't have to go.
Does dim rhaid i chi wrando.   You don't have to listen.

IMITATED PRONUNCIATION: oyss rhide ee mee vinnd; oyss rhide ee mee wran-doh; (doy)ss dim rhide ee mee vindd; (doy)ss dim rhide ee mee wran-doh.

In Welsh the verb **peidio** (meaning 'do not') is used in expressions which correspond to 'you must not':

Rhaid i mi beidio mynd.   I mustn't go.
Rhaid i chi beidio gwrando.   You mustn't listen.

IMITATED PRONUNCIATION: rhide ee mee beyd-yoh minnd; rhide ee mee beyd-yoh gwran-doh.

To change tense, **mae** is substituted for the appropriate third person singular form of **bod**:

Roedd rhaid i mi fynd.   I had to go.

37 'Must be/must have'

In Welsh, a sentence like 'the family must be happy' is expressed by **(mae) rhaid** + a nominative clause using **bod** – see **Section 15**. Thus:

(mae) rhaid   +   bod y teulu yn hapus

For example:

Rhaid bod Alun yn flinedig.	Alun must be tired.
Rhaid bod Siân yn gweithio'n galed.	Siân must be working hard.
Rhaid eich bod chi wedi clywed.	You must have heard.

IMITATED PRONUNCIATION: rhide bohd uh tey-lee un hap-iss; rhide bohd ah-lin un vlin-ed-ig; rhide bohd shahn un gweyth-yohn gah-led; rhide (uch) bohd chee wed-ee kluw-ed.

Vocabulary

siarad (â)	/'ʃɑːrad (a)/	to speak (to)
yfed (yf-)	/'əvɛd/	to drink
y golau (*m*)	/'goːlɛ/	light, **goleuadau** (*pl*) /goləi'ɑːdɛ/
gormod	/'gɒrmɒd/	too much
yn ôl	/ən 'oːl/	back(wards)
smocio (smoci-)	/'smɒkjo/	to smoke
gwaith cartref	/gwaiθ 'kartrɛ(v)/	homework
erbyn	/'ɛrbɪn/	by (with time)
gorffen (gorffenn-)	/'gɒrfɛn/	to finish
gofalus	/gov'ɑːlɪs/	careful
yn ofalus	/ən ov'ɑːlɪs/	carefully
cynnau (cynheu-)	/'kən(a)i/	to light (a light, a fire)
diffodd (diffodd-)	/'dɪfɒð/	to put out (a light, a fire)
cyn bo hir	/kɪn bo 'hiːr/	before long

IMITATED PRONUNCIATION: shah-rad (ah); uh-ved; goh-leh, goh-ley-ah-deh; gorr-mod; un-**ohl**; smok-yoh; gwyeth karr-tre(v); err-bin; gorr-fen; goh-vah-liss; un oh-vah-liss; kuh-n(a)y; diff-odd; kin-boh-**heerr**.

Exercise 42

Translate:

1 I must go.
2 You don't have to speak.
3 He mustn't drink too much.
4 We had to be back by half past nine.
5 You mustn't smoke.
6 The children must do their homework.
7 They must have heard by now.
8 She must finish before long.
9 You must drive carefully.
10 The light must be turned off.

38 'I'd better' and 'I prefer'

In Welsh, 'I'd better ...' is expressed by the idiomatic use of the prepostion **i**, the pattern being similar to that for 'must'. For example:

Mae'n well i mi fynd.	I'd better go. (*lit* It's better for me to go.)
Mae'n well iddyn nhw ddweud.	They'd better say.
Mae'n well i mi beidio mynd.	I'd better not go.

IMITATED PRONUNCIATION: mine weh<u>lh</u> ee mee vinnd; mine weh<u>lh</u> ee-<u>dd</u>in hooh <u>dd</u>weyd; mine weh<u>lh</u> ee mee beyd-yoh minnd.

'I prefer ...', on the other hand, is expressed by the idiomatic use of the preposition **gyda/gan** (see **Section 21**). For example:

Mae'n well gyda fi/gen i fynd.	I'd prefer to go.
Mae'n well gyda nhw/gynnyn nhw ddweud.	They'd prefer to say.
Mae'n well gyda fi/gen i beidio mynd.	I'd prefer not to go.

39 Prepositional clauses

In Welsh, 'before going' is expressed as **cyn mynd**. However, to show who is going, personal forms of **i** are employed:

cyn i mi fynd   before I go

Prepositions cannot show tense, and so the exact meaning of **cyn i mi fynd** depends on the preceding main clause:

Rhaid i mi gloi'r drws cyn i mi fynd.

I must lock the door before I go.

Roedd rhaid i mi gloi'r drws cyn i mi fynd.

I had to lock the door before I went.

IMITATED PRONUNCIATION: rhide ee mee gloyrr droohss kin ee mee vinnd; roy<u>dd</u> rhide ee mee gloyrr droohs kin ee mee vinnd.

Here are some of the more common prepositional clauses:

cyn 'before'	**cyn i mi fynd**	before I go/went
ar ôl 'after'	**ar ôl iddo fe orffen**	after he finishes/finished
hyd nes 'until'	**hyd nes iddyn nhw gyrraedd**	until they arrive/arrived
rhag ofn 'in case'	**rhag ofn i chi anghofio**	in case you forget/forgot
wrth 'as'	**wrth iddyn nhw adael**	as they leave/left

IMITATED PRONUNCIATION: kin, kin ee mee vinnd; arr-**ohl**, arr ohl ee-<u>dd</u>oh ve orr-fen; (heed) ness, (heed) ness ee-<u>dd</u>in hooh guh-ra(y)<u>dd</u>; rhag oh-van, rhag oh-van ee <u>ch</u>ee ang-hov-yoh; oorth, oorth ee-<u>dd</u>in hooh ah-del.

Vocabulary

cofio (cofi-)	/ˈkɒvjo/	to remember
uchel	/ˈiːχɛl/	high, loud
yn uchel	/ən ˈiːχɛl/	loudly

IMITATED PRONUNCIATION: kov-yoh; ee-<u>ch</u>el; un ee-<u>ch</u>el.

Exercise 43

Translate:

1 I went home before I came here.
2 What did you do after you went?
3 She had better remember.
4 He didn't talk loudly in case someone heard.
5 They had better not come back.

6 We stayed until they arrived.
7 They went before the policeman came.
8 We must finish before we leave.

40 Ordinal numbers

The Welsh ordinals are based on the traditional (vigesimal) counting system (see **Section 31**). They are used especially with dates. Here are the ordinals up to 31:

1	**cyntaf**	first
2	**ail** (SM)	second
3	**trydydd** (*m*), **trydedd** (*f*)	third
4	**pedwerydd** (*m*), **pedwaredd** (*f*)	fourth
5	**pumed**	fifth
6	**chweched**	sixth
7	**seithfed**	seventh
8	**wythfed**	eighth
9	**nawfed**	ninth
10	**degfed**	tenth
11	**unfed ar ddeg**	eleventh
12	**deuddegfed**	twelfth
13	**trydydd ar ddeg**	thirteenth
14	**pedwerydd ar ddeg**	fourteenth
15	**pymthegfed**	fifteenth
16	**unfed ar bymtheg**	sixteenth
17	**ail ar bymtheg**	seventeenth
18	**deunawfed**	eighteenth
19	**pedwerydd ar bymtheg**	nineteenth
20	**ugeinfed**	twentieth
21	**unfed ar hugain**	twenty first
22	**ail ar hugain**	twenty second
23	**trydydd ar hugain**	twenty third
24	**pedwerydd ar hugain**	twenty fourth
25	**pumed ar hugain**	twenty fifth
26	**chweched ar hugain**	twenty sixth
27	**seithfed ar hugain**	twenty seventh
28	**wythfed ar hugain**	twenty eighth
29	**nawfed ar hugain**	twenty ninth
30	**degfed ar hugain**	thirtieth
31	**unfed ar ddeg ar hugain**	thirty first

IMITATED PRONUNCIATION: 1 kun-ta(v); 2 ile; 3 truh-didd,
truh-dedd; 4 ped-wer-idd, ped-wah-redd; 5 pim-ed; 6 chweh-ched;
7 seyth-ved; 8 ooyth-ved; 9 naw-ved; 10 deg-ved; 11 in-ved ar ddehg;
12 dey-ddeg-ved; 15 pum-theg-ved; 18 dey-naw-ved; 20 ee-geyn-ved;
31 in-ved arr ddehg arr hee-gen.

In composite ordinals the noun immediately follows the first
number:

yr unfed chwaraewr ar ddeg   the eleventh player
y nawfed noson ar hugain   the twenty ninth night

IMITATED PRONUNCIATION: uh rin-ved chwar-ey-oorr arr ddehg; uh
naw-ved noss-on ar hee-gen.

Feminine singular nouns suffer soft mutation after *all* ordinals:

y drydedd ferch   the third girl   (< **merch**)
y chweched fuwch   the sixth cow   (< **buwch**)
y nawfed gath   the ninth cat   (< **cath**)

Dates are always masculine:

y cyntaf o fis Mawrth   the first of March
y trydydd o fis Gorffennaf   the third of July
y pedwerydd o fis Mai   the fourth of May

41 Seasons of the year

y gwanwyn   the spring
yr haf   the summer
yr hydref   the autumn
y gaeaf   the winter

IMITATED PRONUNCIATION: uh gwann-win; ur hahv; ur hud-rev; uh
gey-a(v).

42 Months of the year

mis Ionawr	January
mis Chwefror	February
mis Mawrth	March
mis Ebrill	April
mis Mai	May
mis Mehefin	June
mis Gorffennaf	July
mis Awst	August
mis Medi	September
mis Hydref	October
mis Tachwedd	November
mis Rhagfyr	December

All the seasons and months are masculine.

IMITATED PRONUNCIATION: meess yon-awrr; meess chwev-rohrr;
meess mawrrth; meess eb-rilh; meess my; meess meh-hev-in; meess
gorr-fen-av; meess awsst; meess med-ee; meess huh-drev; meess
tach-wedd; meess rhag-virr.

Exercise 44

Write out the following dates in full:

1	Saint Dwynwen's Day (the Welsh Saint Valentine)	(25 January)
2	**Dydd Sant Ffolant** Saint Valentine's Day	(14 February)
3	**Dydd Gŵyl Ddewi** Saint David's Day	(1 March)
4	The first day of spring	(21 March)
5	American Independence Day	(4 July)
6	**Dydd Owain Glyndŵr** Owain Glyndŵr's Day	(16 September)
7	**Calan Gaeaf** Halloween	(30 October)
8	**Noson Guto Ffowc** Guy Fawkes Night	(5 November)
9	**Dydd Gŵyl Steffan** Boxing Day	(26 December)
10	**Nos Galan** New Year's Eve	(31 December)

Vocabulary

saith	/saiθ/	seven
y mater (*m*)	/ˈmatɛr/	matter, **materion** (*pl*) /matˈɛrjɒn/
gorsaf yr heddlu (*f*)	/gɒrsav ər ˈhɛðli/	police station
yr aelod (*m*)	/ˈəilɒd/	member, **aelodau** (*pl*) /əilˈoːdɛ/
y cyhoedd (*m*)	/kəhɒið/	public
y sarjent (*m*)	/ˈsardʒɛnt/	sergeant
ar hyn o bryd	/ar ˈhɪn o briːd/	at the moment
gwyliau (*pl*)	/ˈgwɪljɛ/	holidays
alla i?	/ˈaɬa i/	can I? (see **Section 47**)
y neges (*f*)	/ˈneːgɛs/	message, **negeseuon** (*pl*) /nɛgɛsˈəiɒn/
hyn	/hɪn/	this (abstract)
pryd?	/priːd/	when?
bydd e'n ôl	biːð ɛn ˈoːl/	he will be back (see **Section 43**)
yr help (*m*)	/hɛlp/	help

IMITATED PRONUNCIATION: syeth; mat-err; gorr-sav uh rhe<u>dd</u>-lee; ey-lod, ey-loh-deh; kuh-hoy<u>dd</u>; sarr-jent; arr-**hinn**-oh-breed; gwil-yeh; <u>a</u>lh-a ee; neh-gess, neg-ess-ey-on; hin; preed; bee<u>dd</u> ehn ohl; help.

SGWRS

Mae Iwan yng ngorsaf heddlu Llandeifi wrth i'r ffôn ganu.

Iwan	Gorsaf Heddlu Llandeifi. Alla i'ch helpu chi?
Aelod o'r cyhoedd	Dw i moyn siarad â Sarjent Ifans, os gwelwch yn dda.
Iwan	Mae'n ddrwg 'da fi. Dyw e ddim yma ar hyn o bryd. Mae e ar ei wyliau ers wythnos. Alla i gymryd neges?
Aelod o'r cyhoedd	Na, mae hyn yn fater personol. Pryd mae e'n dod yn ôl?
Iwan	Dewch i ni weld nawr. Aeth e ar yr ail ar hugain o fis Gorffennaf. Mae tair wythnos o wyliau gyda fe. Felly, bydd e'n ôl ar y pedwerydd ar bymtheg o fis Awst.
Aelod o'r cyhoedd	Diolch yn fawr am eich help.
Iwan	Alla i gael eich enw os gwelwch yn dda?

TRANSLATION

Iwan is in the Llandeifi police station as the telephone rings.

Iwan	Llandeifi Police Station. Can I help you?
Member of the public	I want to speak to Sergeant Evans please.
Iwan	I'm sorry. He's not here at the moment. He's been on holiday for a week. Can I take a message?
Member of the public	No, this is a personal matter. When is he coming back?
Iwan	Let's see now. He went on the twenty second of July. He's got three weeks holidays. So, he'll be back on the nineteenth of August.
Member of the public	Thanks very much for your help.
Iwan	Can I have your name please?

Lesson 8

43 The future tense of 'bod'

In Welsh, 'I will be' is expressed as **bydda i**. The rules governing
the usage of the future tense of **bod** are similar to those for the
present and imperfect tenses (see **Sections 7** and **23** respectively).
Here are the personal forms:

43a Affirmative forms

bydda i'n hwyr	I will be late
byddi di'n hwyr	you will be late (*fam*)
bydd e'n hwyr	he will be late
bydd hi'n hwyr	she will be late
bydd Elen yn hwyr	Elen will be late
bydd y plant yn hwyr	the children will be late
byddwn ni'n hwyr	we will be late
byddwch chi'n hwyr	you will be late
byddan nhw'n hwyr	they will be late

IMITATED PRONUNCIATION: buh-<u>dd</u>a een hooyrr; buh-<u>dd</u>ee deen
hooyrr; bee<u>dd</u> ehn hooyrr; bee<u>dd</u> heen hooyrr; bee<u>dd</u> el-en un hooyrr;
bee<u>dd</u> uh plannt yn hooyrr; buh-<u>dd</u>oon een hooyrr; buh-<u>dd</u>oo<u>ch</u> een
hooyrr; buh-<u>dd</u>an hoohn hooyrr.

> **LITERARY FORMS**
>
> | | |
> |---|---|
> | **byddaf yn hwyr** | **byddwn yn hwyr** |
> | **byddi'n hwyr** | **byddwch yn hwyr** |
> | **bydd yn hwyr** | **byddant yn hwyr** |

In spoken Welsh, sentences like 'We will arrive at nine.' and
'What will happen?' are usually expressed as: **Byddwn ni'n
cyrraedd am naw.** and **Beth fydd yn digwydd?**

43b Interrogative forms

fydda i'n hwyr?	will I be late?
fyddi di'n hwyr?	will you be late? *(fam)*
fydd e'n hwyr?	will he be late?
fydd hi'n hwyr?	will he be late?
fydd Elen yn hwyr?	will Elen be late?
fydd y plant yn hwyr?	will the children be late?
fyddwn ni'n hwyr?	will we be late?
fyddwch chi'n hwyr?	will you be late?
fyddan nhw'n hwyr?	will they be late?

IMITATED PRONUNCIATION: vuh-_dda_ een hooyrr; vuh-_dd_ee deen hooyrr; vee_dd_ ehn hooyrr; vee_dd_ heen hooyrr; vee_dd_ el-en yn hooyrr; vee_dd_ uh plannt un hooyrr; vuh-_dd_oon een hooyrr; vuh-_dd_ooch een hooyrr; vuh-_dd_an hoohn hooyrr.

> LITERARY FORMS
> **a fyddaf yn hwyr?**
> **a fyddi'n hwyr?**
> **a fydd yn hwyr?**
> **a fyddwn yn hwyr?**
> **a fyddwch yn hwyr?**
> **a fyddant yn hwyr?**

The personal replies are as follows:

bydda	yes, I will be	**byddwn**	yes, we will be
byddi	yes, you will be *(fam)*	**byddwch**	yes, you will be
bydd	yes, he/she/it will be	**byddan**	yes, they will be

Here are some useful interrogatives:

Pwy fydd yn mynd?	Who will go?
Beth fydd yn digwydd?	What will happen?
Pryd byddwch chi'n mynd?	When will you go?
Sut byddwch chi'n mynd?	How will you go?
Pam byddwch chi'n mynd?	Why will you go?

IMITATED PRONUNCIATION: pooy vee_dd_ un minnd; behth vee_dd_ un dig-wi_dd_; preed buh-_dd_ooch een minnd; shood buh-_dd_ooch een minnd; pam buh-_dd_ooch een minnd.

IMPORTANT

Pwy and **beth** (interrogative pronouns) cause the soft mutation, whereas **pryd** and **sut** and **pam** (interrogative adverbs) don't.

43c Negative forms

fydda i ddim yn hwyr	I will not be late
fyddi di ddim yn hwyr	you will not be late (*fam*)
fydd e ddim yn hwyr	he will not be late
fydd hi ddim yn hwyr	she will not be late
fydd Elen ddim yn hwyr	Elen will not be late
fydd y plant ddim yn hwyr	the children will not be late
fyddwn ni ddim yn hwyr	we will not be late
fyddwch chi ddim yn hwyr	you will not be late
fyddan nhw ddim yn hwyr	they will not be late

IMITATED PRONUNCIATION: vuh-<u>dd</u>a ee <u>dd</u>im un hooyrr; vuh-<u>dd</u>ee dee <u>dd</u>im un hooyrr; vee<u>dd</u> eh <u>dd</u>im un hooyrr; vee<u>dd</u> hee <u>dd</u>im un hooyrr; vee<u>dd</u> el-en <u>dd</u>im un hooyrr; vee<u>dd</u> uh plannt <u>dd</u>im un hooyrr; vuh-<u>dd</u>oon ee <u>dd</u>im un hooyrr; vuh-<u>dd</u>ooch ee <u>dd</u>im un hooyrr; vuh-<u>dd</u>an hooh <u>dd</u>im un hooyrr.

LITERARY FORMS

ni fyddaf yn hwyr	**ni fyddwn yn hwyr**
ni fyddi'n hwyr	**ni fyddwch yn hwyr**
ni fydd yn hwyr	**ni fyddant yn hwyr**

Vocabulary

yfory	/(ə)'vɒri/	tomorrow
yno	/'əno/	there (not in sight)
heulog	/'həilɒg/	sunny
y gêm (*f*)	/geːm/	game, **gêmau** (*pl*) /'geːmɛ/
os	/ɒs/	if
yr wythnos nesaf	/ər ωiθnɒs 'nɛsa(v)/	next week

IMITATED PRONUNCIATION: (u)voh-ree; uh-noh; hey-log; un-**ohl**; gehm, geh-meh; oss; uh rooyth-noss ness-a(v).

Exercise 45

Translate
1 I will (be) go(ing) tomorrow.
2 Will you be there tonight?
3 Mair won't be back before half past ten.
4 The children will be good.
5 It won't be sunny tomorrow.
6 What will (be) happen(ing) next?
7 They will arrive about six.
8 Where will you be staying? (*fam*)
9 What time will the match begin?
10 If it's (will be) fine next week the children will be happy.

44 The passive voice

In Welsh a phrase like 'the house was built' can be expressed in two ways:

(i) by the use of the auxiliary verb **cael** 'to have' + prefixed pronoun + infinitive:

Cafodd y tŷ ei godi.   (*lit* The house had its building.)

(ii) by the use of special impersonal forms (see **Section 66**):

Codwyd y tŷ

The latter is mostly used in newspapers and other media whereas the former is the usual construction in spoken Welsh, and is used in both periphrastic and inflected sentences. For example:

Mae'r tŷ yn cael ei godi.   The house is being built.
Roedd y tŷ yn cael ei godi.   The house was being built.

Here are the past inflected personal forms, using the infinitive **dal** 'to catch':

ces i fy nal	I was caught
cest ti dy ddal	you were caught (*fam*)
cafodd e ei ddal	he was caught

cafodd hi ei dal	she was caught
cafodd Gareth ei ddal	Gareth was caught
cafodd y plant eu dal	the children were caught
cawson ni ein dal	we were caught
cawsoch chi eich dal	you were caught
cawson nhw eu dal	they were caught

IMITATED PRONUNCIATION: kehss ee (vuh) nal; kehss tee duh <u>dd</u>al; kah-vo<u>dd</u> eh ee <u>dd</u>al; kah-vo<u>dd</u> hee ee dal; kah-vo<u>dd</u> gah-reth ee <u>dd</u>al; kah-vo<u>dd</u> uh plannt ee dal; kaw-sonn ee un dal; kaw-so<u>ch</u> ee u<u>ch</u> dal; kaw-sonn hooh ee dal.

Interrogatives follow the the same pattern as other past inflected verbs (see **Section 28b**):

Gest ti dy ddal?	Were you caught? (*fam*)

Here are some interrogatives you will find useful (remember that *any* infinitive can be substituted for the ones used here):

Pwy gafodd ei ladd?	Who was killed?
Beth gafodd ei ddweud?	What was said?
Ble cawsoch chi eich geni?	Where were you born?
Pryd cawsoch chi eich geni?	When were you born?

IMITATED PRONUNCIATION: pooy gah-vo<u>dd</u> ee lah<u>dd</u>; behth gah-vo<u>dd</u> ee <u>dd</u>weyd; bleh kaw-so<u>ch</u> ee u<u>ch</u> gen-ee; preed kaw-so<u>ch</u> ee u<u>ch</u> gen-ee.

Since phrases containing a prefixed pronoun, like 'my car', 'his bike' etc, are definite the negative forms of the inflected passive contain **ddim o** (see **Section 28c**):

ches i ddim o fy nal	I wasn't caught
chest ti ddim o dy ddal	you weren't caught (*fam*)
chafodd e ddim o'i ddal	he wasn't caught
chafodd hi ddim o'i dal	she wasn't caught
chafodd Alun ddim o'i ddal	Alun wasn't caught
chafodd y lladron ddim o'u dal	the thieves weren't caught
chawson ni ddim o'n dal	we weren't caught
chawsoch chi ddim o'ch dal	you weren't caught
chawson nhw ddim o'u dal	they weren't caught

IMITATED PRONUNCIATION: <u>ch</u>ehss ee <u>dd</u>im oh (vuh) nal; <u>ch</u>ehss tee <u>dd</u>im oh duh <u>dd</u>al; <u>ch</u>ah-vo<u>dd</u> eh <u>dd</u>im oy <u>dd</u>al; <u>ch</u>ah-vo<u>dd</u> hee <u>dd</u>im oy

dal; <u>ch</u>ah-vo<u>dd</u> ah-lin <u>dd</u>im oy <u>dd</u>al; <u>ch</u>ah-vo<u>dd</u> uh <u>lh</u>ad-ron <u>dd</u>im oy dal;
<u>ch</u>aw-sonn ee <u>dd</u>im ohn dal; <u>ch</u>aw-so<u>ch</u> ee <u>dd</u>im oh<u>ch</u> dal; <u>ch</u>aw-sonn
hooh <u>dd</u>im oy dal.

Vocabulary

geni	/ˈgɛni/	to be born
De Cymru	/ˈdeː kəmri/	South Wales
Gogledd Cymru	/ˈgɒglɛð kəmri/	North Wales
atgyweirio	/atgəuˈəirjo/	to repair
y nofel (*f*)	/ˈnɒvɛl/	novel, **nofelau** (*pl*) /nɒvˈɛlɛ/
talu	/ˈtɑːli/	to pay
y drws (*m*)	/druːs/	door, **drysau** (*pl*) /ˈdrəsɛ/
agor (**agor-**)	/ˈɑːgor/	to open
cau (**cae-**)	/kai/	to close
y ffenest(r) (*f*)	/ˈfɛnɛst(r)/	window, **ffenestri** (*pl*) /fɛnˈɛstri/
gwerthu	/ˈgwɛrθi/	to sell
prynu	/ˈprəni/	to buy
y busnes (*m*)	/ˈbɪsnɛs/	business, **busnesau** (*pl*) /bɪsˈnɛsɛ/
y bwyd (*b*)	/bʊid/	food

IMITATED PRONUNCIATION: gen-ee; deh kum-ree; gog-le<u>dd</u> kum-ree;
at-guh-weyrr-yoh; nov-el, nov-el-eh; tah-lee; droohss, druh-seh;
ah-gohrr; kye; fen-est(r), fen-ess-tree; gwerth-ee; pruh-nee; biss-ness,
biss-ness-eh; booyd.

Exercise 46

Translate

1 Where were you born?
2 I was born in South Wales.
3 The car wasn't repaired.
4 When was the novel written?
5 The house was built.
6 They weren't paid.
7 The window was opened.
8 The door was closed.
9 The business wasn't sold.
10 Was the food eaten?

45 The conjugated preposition 'ar'

Ar 'on' is congugated as follows:

arna i	on me
arnat ti	on you (*fam*)
arno fe, fo (NW)	on him
arni hi	on her
ar y mynydd	on the mountain
arnon ni	on us
arnoch chi	on you
arnyn nhw	on them

IMITATED PRONUNCIATION: arr-na ee; arr-na tee; arr-no veh, voh; arr-nee hee; arr uh muh-ni<u>dd</u>; arr-non ee; arr-no<u>ch</u> ee; arr-nin hooh.

```
LITERARY FORMS
arnaf
arnat
arno
arni
arnom
arnoch
arnynt
```

Ar is a very useful preposition as it occurs in a lot of idioms which denote a temporary state of mind or body. These can be roughly divided into three types:

(i) Bodily ailments

mae annwyd arna i	I've got a cold (*lit* there is a cold on me)
mae'r ffliw arna i	I've got flu
mae'r ddannodd arna i	I've got toothache
mae'r frech goch arna i	I've got measles
mae brech yr ieir arna i	I've got chicken pox
mae clefyd y gwair arna i	I've got hay fever

IMITATED PRONUNCIATION: my ann-ooyd arr-na ee; myerr fliw arr-na ee; myerr <u>dd</u>an-o<u>dd</u> arr-na ee; myerr vreh<u>ch</u> goh<u>ch</u> arr-na ee; my breh<u>ch</u> ur yeyrr arr-na ee; my klev-id uh gwyerr arr-na ee.

(ii) States of mind

mae ofn arna i	I'm afraid	(*lit* there's fear on me)
mae cywilydd arna i	I'm ashamed	
mae hiraeth arna i	I'm homesick	

IMITATED PRONUNCIATION: my oh-van arr-na ee; my kuh-wee-li<u>dd</u> arr-na ee; my hee-ryth arr-na ee.

(iii) Needs

mae eisiau ... arna i	I need ...	(*lit* there is a need of ... on me)
mae eisiau bwyd arna i	I'm hungry	
mae syched arna i	I'm thirsty	

IMITATED PRONUNCIATION: my eess-eh ... arr-na ee; my eess-eh booyd arr-na ee; my suh-<u>ch</u>ed arr-na ee.

Vocabulary

y pensil (*m*)	/ˈpɛnsɪl/	pencil, **pensiliau** (*pl*) /pɛnˈsɪljɛ/
y beiro (*m*)	/ˈbəiro/	biro, **beiros** (*pl*) /ˈbəiroz/
y rwber (*m*)	/ˈrʊbɛr/	rubber
y papur ysgrifennu	/papɪr əsgrɪvˈɛni/	writing paper
yr amlen (*f*)	/ˈamlɛn/	envelope, **amlenni** (*pl*) /amˈlɛni/
y fatsen	/ˈmatʃɛn/	match(stick), **matsis** (*pl*) /ˈmatʃɪz/
rhagor o arian	/r̥ɑːgor oˈarjan/	more money

IMITATED PRONUNCIATION: pen-sil, pen-sil-yeh; beyrr-oh, beyrr-ohz; roob-err; pap-irr uss-kriv-en-ee; am-len, am-len-ee; mat-shen, mat-shiz; rhah-gohrr oh arr-yan.

Exercise 47

Say you need the following:
1 a pencil
2 a biro

Now say she needs:
3 a rubber
4 writing paper

Now say they need:
5 envelopes
6 matches
7 more money

Another commonly used idiom with **ar** is 'to owe': **mae arna i ... i chi** 'I owe you ...'. For example:

Mae arna i ddecpunt i chi.	I owe you ten pounds.
Roedd arno fe dipyn o arian i'r banc.	He owed a bit of money to the bank.

IMITATED PRONUNCIATION: my arr-na ee <u>dd</u>ek-pinnt ee <u>ch</u>ee; roy<u>dd</u> arr-no veh dip-in oh arr-yan eerr bank.

Here is a useful interrogative:

Beth sy'n bod arnoch chi?	What's wrong with you?

IMITATED PRONUNCIATION: beh(th) seen bohd arr-no<u>ch</u> ee

Most of the idioms mentioned above take indefinite nouns, and so **oes** and **does dim** are the respective interrogative and negative verb forms:

Oes annwyd arnoch chi?	Do you have a cold?
Does dim syched arna i.	I'm not thirsty.

IMITATED PRONUNCIATION: oyss ann-ooyd arr-no<u>ch</u> ee; (doee)ss dim suh-<u>ch</u>ed arr-na ee.

Where definite nouns are employed **ydy** and **dyw ... ddim** are the respective interrogative and negative forms:

Ydy'r ddannodd arni hi?	Has she got toothache?
Dyw clefyd y gwair ddim arno fe.	He hasn't got hay fever.

IMITATED PRONUNCIATION: uh-deerr <u>dd</u>an-o<u>dd</u> arr-nee hee; diw klev-id uh gwyerr <u>dd</u>im arr-no veh.

Exercise 48

Have a guess in Welsh at what's wrong with the following people:
1 I haven't eaten for twelve hours.
2 She longs to see Wales again!
3 He feels terrible throughout June every year.
4 We are scared.
5 I need a drink!
6 My tooth hurts.

46 Adverbs of quantity

On occasions you will need to talk about quantities; you may have too much of something or too little or not enough, etc. Here are some useful adverbs:

gormod	too much
digon	enough
rhagor	more
tipyn (**bach**) (*m*)	a (little) bit
llawer (*m*)	a lot

IMITATED PRONUNCIATION: gorr-mod; dee-gon; rhah-gor; tip-in (bah<u>ch</u>); <u>lh</u>aw-err.

These can be used on their own, or with **o** (which causes the soft mutation) they can be used as adjectives:

Bwytais i ormod.	I ate too much.
Mae e'n siarad digon.	He talks enough.
Alla i gael tipyn bach o hufen?	Can I have a little bit of cream?

IMITATED PRONUNCIATION: booyt-ess ee orr-mod; my ehn shah-rad dee-gon; <u>alh</u>-a ee gile tip-in bah<u>ch</u> oh hee-ven.

Vocabulary

yr esgid (*f*)	/ˈɛsgɪd/	shoe, **esgidiau** (*pl*)	/ɛsˈgɪdjɛ/
y got (*f*)	/kɒt/	coat, **cotiau** (*pl*)	/ˈkɒtjɛ/
yr het (*f*)	/hɛt/	hat, **hetiau** (*pl*)	/ˈhɛtjɛ/
y siwmper (*f*)	/ˈʃʊmpɛr/	jumper, **siwmperi** (*pl*)	/ʃʊmˈpɛri/
y wats (*f*)	/watʃ/	watch, **watsis** (*pl*)	/ˈwatsɪz/

IMITATED PRONUNCIATION: ess-kid, ess-kid-yeh; kot, kot-yeh; het, het-yeh; joom-perr, joom-perr-ee; watsh, wat-shiz.

Exercise 49

Answer the questions:

Oes eisiau crys arnoch chi?   Do you need a shirt?
Nac oes, mae llawer o grysau   No, I've got a lot of shirts.
   gyda fi?

1 Oes eisiau esgidiau arnoch chi?
2 Oes eisiau cot arno fe?
3 Oes eisiau het arni hi?
4 Oes eisiau siwmper ar Siôn?
5 Oes eisiau wats arnoch chi?

Vocabulary

wyth	/ωiθ/	eight
y ffotograff (*m*)	/'fo:tograf/	photograph, **ffotograffau** (*pl*) /foto'grafɛ/
trafod (**trafod-**)	/'trɑ:vɒd/	to discuss
achau'r teulu	/ɑ:χɛr 'təili/	the family tree
y llun (*m*)	/ɬi:n/	picture, **lluniau** (*pl*) /'ɬɪnjɛ/
hwnna	/'hωna/	that one (*m*)
honna	/'hɒna/	that one (*f*)
rheina	/'r̥əina/	those
ugain oed	/'i:gɛn ɒid/	twenty years of age
llwch (*m*)	/ɬu:χ/	dust
ers hynny	/ɛrs 'həni/	since then
y fodryb (*f*)	/'mɒdrɪb/	aunt, **modrybedd** (*pl*) /mɒd'rɪbɛð/
y fam-gu (*f*) (SW)	/mam'gi:/	grandmother, **mamau-cu** (*pl*) /mamɛ 'ki:/
y nain (*f*) (NW)	/nain/	grandmother, **neiniau** (*pl*) /'nəinjɛ/
y tad-cu (*m*) (SW)	/tad'ki:/	grandfather, **tadau-cu** (*pl*) /tɑdɛ 'ki:/
y taid (*m*) (NW)	/taid/	grandfather, **teidiau** (*pl*) /'təidjɛ/

o ble?	/o 'ble:/	from where?
gwreiddiol	/'gwrəiðjɒl/	original
yn wreiddiol	/ən 'wrəiðjɒl/	originally
priodi (â)	/pri'ɒdi (a)/	to marry
lleol	/'ɬe:ɒl/	local
ymgartrefu	/əmgart'rɛvi/	settle down
diddorol	/dɪð'o:rɒl/	interesting

IMITATED PRONUNCIATION: ooyth; **foh**-toh-graf, foh-toh-graf-eh; trah-vod; a<u>ch</u>-err tey-lee; <u>lh</u>een, <u>lh</u>in-yeh; hoon-a; hon-a; rhey-na; ee-gen oyd; <u>lh</u>ooh<u>ch</u>; errss hun-ee; mod-rib, mod-rub-od; mam-**gee**, mam-eh-**kee**; nine, neyn-yeh; tad-**kee**, tah-deh-**kee**; tide, teyd-yeh; oh-**bleh**; gwrey<u>dd</u>-yol; un wrey<u>dd</u>-yol; pree-od-ee (ah); <u>lh</u>eh-ol; um-garr-trev-ee; di<u>dd</u>-oh-rol.

SGWRS

Mae Iwan a'i fam yn edrych trwy hen ffotograffau ac yn trafod achau'r teulu.

Iwan   Pwy yw'r dyn yn y llun 'ma?

Mam   D'ewyrth Jac yw hwnna. Aeth e i Awstralia yn ugain oed, a dyn ni ddim wedi gweld ei lwch e ers hynny.

Iwan   Pwy yw'r fenyw 'ma 'te?

Mam   Dyna dy fodryb Sara, chwaer dy fam-gu. Buodd hi fyw nes bod hi'n naw deg oed.

Iwan   O ble daeth eich teulu chi'n wreiddiol, mam?

Mam   Un o Flaenau Ffestiniog oedd (fy) nhad-cu, ond fe ddaeth e i Landeifi i chwilio am waith. Priododd e â merch leol ac ymgartrefu yma.

Iwan   Mae'n ddiddorol edrych ar hen luniau o'r teulu, on'd yw hi?

Mam   Ydy, mae.

TRANSLATION

Iwan and his mother are looking through old photographs and discussing the family tree.

Iwan   Who's the man in this picture?

Mother   That's your uncle Jac. He went to Australia when he was twenty years of age, and we haven't seen or heard from him since.

Iwan   Who's this woman then?

Mother   That's your aunt Sara, your grandmother's sister. She lived until she was ninety.

Iwan   Where did your family come from originally, mother?

Mother   My grandfather was a native of Blaenau Ffestiniog, but he came to Llandeifi to find work. He married a local girl and settled down here.

Iwan   It's interesting looking at old pictures, isn't it?

Mother   Yes, it is.

Lesson 9

47 The future tense of regular verbs

Here are the future personal forms of the regular inflected verbs. As with the past tense (see **Section 28**), we will use **dysgu** 'to learn/teach' as the stem:

47a Affirmative forms

dysga i	I will learn/teach
dysgi di	you will learn/teach (*fam*)
dysgith e, o (NW)	he will learn/teach
dysgith hi	she will learn/teach
dysgith y plant	the children will learn/teach
dysgwn ni	we will learn/teach
dysgwch chi	you will learn/teach
dysgan nhw	they will learn/teach

IMITATED PRONUNCIATION: We feel that you should now be fairly confident as far as the pronunciation is concerned, and we are discontinuing the imitated system at this point. If you are still having difficulty with this aspect of the language, we strongly recommend that you purchase the cassette recordings which accompany this course.

LITERARY FORMS

The literary forms can express the present as well as the future tense:

dysgaf	I am teaching/I teach/I will teach
dysgi	you are teaching/etc.
dysg	he/she is teaching/etc.
dysgwn	we are teaching/etc.
dysgwch	you are teaching/etc.
dysgant	they are teaching/etc.

47b Interrogative and negative forms

The mutational rules governing the interrogative and negative forms are the same as the past tense of regular verbs (see **Section 28**):

Welwch chi Siôn yfory?   Will you see Siôn tomorrow?
Wela i ddim ohono fe.   I won't see him.

However, the grammatical rules governing the regular future forms are a little more complicated than those of the past tense, especially in spoken Welsh:

(i)   Replies

When answering questions, the future inflected verb forms follow the general rule of employing the appropriate personal form (see **Section 7b**). For example:

Welwch chi Glyn yfory?   Will you see Glyn tomorrow?
Gwela.   Yes, I will see (him).
Na wela.   No, I won't see (him).

(ii) The future interrogative forms

Generally, in spoken Welsh, the future interrogative forms are only used with a very small number of inflected verbs:

gweld 'to see'   **Welwn ni chi eto?**   Will we see you again?
cymryd 'to take'   **Gymerwch chi sêt?**   Will you take a seat?
gallu 'to be able'   **Alla i helpu?**   Can I help?

The others are usually expressed by the periphrastic construction with **bod** as an auxillary verb (see **Section 43**). For example:

Fyddwch chi'n mynd i'r gêm heno?   Will you (be) go(ing) to the game tonight?
Fyddan nhw'n galw heibio yfory?   Will they (be) call(ing) by tomorrow?
Fydd Cymru yn ennill?   Will Wales (be) win(ing)?

47c Interrogative with 'gallu'

Here is a very useful 'future' verb used in the present tense –
gallu 'can':

galla i	I can	**gallwn ni**	we can
gelli di	you can	**gallwch chi**	you can
gall e/hi	he/she can	**gallan nhw**	they can

Beth alla i ei wneud?	What can I do?
Allwch chi helpu?	Can you help?
Beth gymerwch chi?	What will you have? (*lit* What will you take?)
Pwy welwch chi?	Who will you see?

Vocabulary

yr adroddiad (*m*)	/ad'rɒðjad/	report, **adroddiadau** (*pl*) /adrɒð'jɑ:dɛ/
ffonio (ffoni-)	/'fɒnjo/	to telephone
nesaf	/'nɛsa(v)/	next
edrych (ar) (edrych-)	/'ɛdrɪχ (ar)/	to look at, to watch
y teledu (*m*)	/tɛl'ɛdi/	television
gêm (*f*)	/ge:m/	game, **gêmau** (*pl*) /'ge:mɛ/
cytuno (â) (cytun-)	/kət'i:no (a)/	to agree (with)
anghytuno (anghytun-)	/aŋhət'i:no/	to disagree

Exercise 50

Translate (the inflected forms are shown in bold):
1 I'll **see** you tomorrow.
2 What **can** I do?
3 Will Doctor Jones call?
4 I'll read the report.
5 **Can** they help?
6 Will she sell the house?
7 Who will we **see** next?
8 Will you **take** another (one)?
9 Will Arthur (be) go(ing) to the game tonight?
10 We'll **agree** to disagree.

48 The imperative

In English there is only one way to express the imperative, irrespective of person. For example, when we say 'Go!', we could be talking to one person, more than one person or a third person. Welsh, on the other hand, differentiates between five types of imperative:

(i)   second person singular   –   you (*fam*)
(ii)   second person plural   –   you
(iii)   third person singular   –   he, she
(iv)   first person plural   –   we
(v)   third person plural   –   they

Only (i), (ii) and (iv) are common in spoken Welsh; (iii) is heard occasionally, especially by older people; while (v) is purely a literary form.

(i) The familiar 'you' command (second person singular)

The familiar 'you' command usually corresponds to the stem of the infinitive:

INFINITIVE	STEM	IMPERATIVE
sefyll 'to stand'	**saf-**	**saf**
galw 'to call'	**galw-**	**galw**
eistedd 'to sit'	**eistedd-**	**eiste(dd)**
edrych 'to look'	**edrych-**	**edrych**
rhedeg 'to run'	**rhed-**	**rhed**
darllen 'to read'	**darllen-**	**darllen**
clywed 'to hear'	**clyw-**	**clyw**

If the infinitive is formed from a noun (for example: **ffonio** < **ffôn**), **-a** is added to the stem to form the familiar 'you' command:

INFINITIVE	STEM	IMPERATIVE
ffonio 'to telephone'	**ffoni-**	**ffonia**
ysgrifennu 'to write'	**ysgrifenn-**	**ysgrifenna**
gweithio 'to work'	**gweithi-**	**gweithia**
meddwl 'to think'	**meddyli-**	**meddylia**
stopio 'to stop'	**stopi-**	**stopia**
dihuno 'to wake up'	**dihun-**	**dihuna**
neidio 'to jump'	**neidi-**	**neidia**

There are a few irregular forms, which are so common they should be learned thoroughly:

INFINITIVE	FAMILIAR 'YOU' COMMAND
mynd 'to go'	**cer** (SW), **dos** (NW)
dod 'to come'	**dere** (SW), **tyrd** (NW)
peidio 'don't'	**paid**
codi 'to lift, get up'	**cwyd**
cysgu 'to sleep'	**cwsg**

(ii) The formal 'you' command (second person plural)

The more formal 'you' command is formed by adding **-wch** to the stem of the infinitive. It is used when addressing strangers, older people (as a mark of respect), and more than one person, directly:

INFINITIVE	STEM	IMPERATIVE
sefyll 'to stand'	**saf-**	**safwch**
galw 'to call'	**galw-**	**galwch**
eistedd 'to sit'	**eistedd-**	**eisteddwch**
edrych 'to look'	**edrych-**	**edrychwch**
rhedeg 'to run'	**rhed-**	**rhedwch**
darllen 'to read'	**darllen-**	**darllenwch**
clywed 'to hear'	**clyw-**	**clywch**
ffonio 'to telephone'	**ffoni-**	**ffoniwch**
ysgrifennu 'to write'	**ysgrifenn-**	**ysgrifennwch**
gweithio 'to work'	**gweithi-**	**gweithiwch**
meddwl 'to think'	**meddyli-**	**meddyliwch**
stopio 'to stop'	**stopi-**	**stopiwch**
dihuno 'to wake up'	**dihun-**	**dihunwch**
neidio 'to jump'	**neidi-**	**neidiwch**
peidio 'don't'	**peidi-**	**peidiwch**
codi 'to lift, get up'	**cod-**	**codwch**

Here are the irregular forms:

INFINITIVE	'YOU' COMMAND
mynd 'to go'	**cerwch** (SW), **ewch** (NW)
dod 'to come'	**dewch** (SW), **dowch** (NW)

(iii) The 'he/she' command (third person singular)

This is a command given to a third person who isn't in earshot of the speaker. It is formed by adding **-ed** to the stem of the verb. It can be loosely translated as 'let him/her ...'. For example:

Caned yr anthem.	Let him/her sing the anthem.
Safed ar ei draed.	Let him stand up.

(iv) The 'we' command (first person plural)

This is a command given to a group of people of which the speaker is a member. It is formed by adding the **-wn** to the stem of the verb:

INFINITIVE	STEM	IMPERATIVE
sefyll 'to stand'	**saf-**	**safwn**
eistedd 'to sit'	**eistedd-**	**eisteddwn**
meddwl 'to think'	**meddyli-**	**meddyliwn**
stopio 'to stop'	**stopi-**	**stopiwn**
peidio 'don't'	**peidio**	**peidiwn**
codi 'to lift, get up'	**cod-**	**codwn**

(v) The 'they' command (third person plural)

The 'they' command is given to two or more people who aren't in earshot of the speaker. It is formed by adding **-ent** to the stem of the verb, and can be loosely translated as 'let them':

Canent yr anthem.	Let them sing the anthem.
Safent ar eu traed.	Let them stand on their feet.

Exercise 51

Give the 'you' and 'familiar you' commands for the following verbs:

1 don't	6 write	11 work
2 go	7 think	12 wake up
3 sit	8 get up	13 telephone
4 call	9 read	14 stand
5 look	10 come	15 stop

49 The relative clause

We have already come across the relative forms of the irregular verb **bod** (**Sections 13** and **25**). In the case of regular verbs the relative clause is formed as follows:

ANTECEDENT	+	RELATIVE PARTICLE (+ soft mutation)	+	RELATIVE CLAUSE (3rd person singular)
y tîm		**a**		**enillodd**
the team		which		won

For example:

y bachgen a bwdodd	the boy who sulked (< **pwdu** 'to sulk')
y merched a ganodd	the girls who sang (< **canu** 'to sing')
y tîm a fydd yn ennill	the team that will win (< **bydd** 'to be' – future)

Compare the last example with:

y tîm sy'n ennill	the team that's winning
y tîm a oedd yn ennill	the team that was winning
y tîm a fyddai'n ennill	the team that would win (see **Section 62**)

A is the form of the relative particle which is usually omitted in spoken Welsh, although the mutation it causes remains. This is true when the antecedent of the relative clause is either the <u>subject</u> or the <u>direct object</u> of the verb. For example:

(i) SUBJECT

VERB	SUBJECT	RELATIVE PARTICLE	RELATIVE CLAUSE
Cyrhaeddodd	**y tîm**	**a**	**enillodd y cwpan.**

'The team that won the cup arrived.'

(ii) DIRECT OBJECT

VERB	SUBJECT	DIRECT OBJECT	RELATIVE PARTICLE	RELATIVE CLAUSE
Gwelais i		**'r dyn**	**a**	**enillodd y wobr.**

'I saw the man who won the prize.'

50 The oblique relative clause

This type of relative clause is really an independent sentence
joined to the main clause by the relative particle **y** (which causes
<u>no</u> mutation). For example:

Dyma'r dyn.	+	**Mae ei wraig yn yr ysbyty.**
Here's the man.	+	His wife is in hospital.

MAIN	+	RELATIVE	+	RELATIVE
CLAUSE		PARTICLE		CLAUSE
Dyma'r dyn	+	**y**	+	**mae ei wraig yn yr ysbyty.**
↑				↑
antecedent				prefixed pronoun

This can be translated as: 'Here's the man whose wife is in
hospital.'

The oblique relative clause occurs under the following conditions:

(i)   where the antecedent takes the place of an adverb (usually
      words denoting time or place). For example:

y diwrnod y cyrhaeddais i	the day I arrived
y lle y gadawon nhw	the place they left

Note that affixed pronouns (**i** and **nhw**) occur in this type of
relative clause, because there is no direct link between the
antecedent and the clause it preceeds; it's not the 'day' that
arrived but 'I', and it's not 'place' that left but 'they'.

Compare:

y dyn a welodd y gêm	the *man* (subject) who saw the game
y dyn a welais i	the man (object) I (subject) saw

(ii) when a preposition ('on which', 'in which', etc.) is part of
      the clause:

y car ⌐**y** gweithiais i **arno** (**fe**)	the car on which I worked
y gadair ⌐**y** buodd e'n eistedd **ynddi** (**hi**)	the chair in which he sat
y llongau ⌐**y** buon nhw'n hwylio **arnyn nhw**	they ships in (on) which they sailed

The preposition is always in the third person, the gender and number corresponding to that of the antecedent.

(iii) when the clause is in the genitive state, that is when it corresponds to the English pronoun 'whose':

y dyn **y** gwelais i **ei frawd** the man whose brother I saw
(*lit* the man I saw <u>his</u> brother)

y rhieni **y** priododd **eu merch** the parents whose daughter got married (*lit* the parents <u>their</u> daughter got married)

IMPORTANT

In the examples above, **brawd** 'brother' and **merch** 'daughter' are nouns. In Welsh, infinitives, like **eistedd** 'to sit', **cadeirio** 'to chair' and **coroni** 'to crown', etc., can also behave like nouns. For example:

y bardd y gwelais i ei gadeirio the bard whose chairing I saw (*lit* the bard I saw <u>his</u> chairing)

With the verb **bod** 'to be', such relative clauses are expressed as follows (but don't forget to include one of the aspectual markers, **yn** or **wedi** (see **Section 9**)):

y llyfr y mae Siân yn ei ddarllen the book Siân is reading
y llyfr y mae Siân wedi ei ddarllen the book Siân has read
y llyfr yr oedd Siân yn ei ddarllen the book Siân was reading
y llyfr yr oedd Siân wedi ddarllen the book Siân had read
y llyfr y bydd Siân yn ei ddarllen the book Siân will read
y llyfr y bydd Siân wedi ei ddarllen the book Siân will have read

---

In the above examples, the prefixed personal pronoun refers back to the antecedent (**llyfr** in this case) and agrees with it according to gender and number. **Llyfr** is a masculine singular noun, and so the pronoun is also masculine and singular - **ei** 'his', which causes the soft mutation. If the antecedent were a feminine singular noun, say **ystafell** 'room', the pronoun would also be feminine and singular - **ei** 'her', which causes the aspirate mutation. For example:

yr ystafell y mae Siân yn ei   the room Siân is painting
  pheintio   (< **peintio**)

If the antecendent were a plural noun, so the corresponding prefixed pronoun would also be plural - **eu** 'their':

y llyfrau y mae Siân yn eu   the books Siân is reading
  darllen
yr ystafelloedd y mae Siân   the rooms Siân is painting
  yn eu peintio

The same genitive construction is used in questions like:

Beth yr ydych chi'n ei wneud?   What are you doing?
Pwy y maen nhw'n ei gefnogi?   Who do they support?

In spoken Welsh, the relative particle 'y' and the prefixed pronoun 'ei' are not usually pronounced, but the mutations they cause are:

Beth dych chi'n neud?
Pwy maen nhw'n gefnogi?

IMPORTANT

The relative particle **a** is used with personal inflected forms of **cael** in the passive voice (see **Section 44**). For example:

y dyn a gafodd ei eni yn   the man who was born in Swansea
  Abertawe
y gyngerdd a gaiff ei   the concert that will be held tonight
  chynnal heno   (see **Section 53**)

If in doubt, turn the clause into the present. If **sydd** follows the antecedent, then **a** is needed in the other tenses. For example:

y gwaith sy'n cael ei gau   the work which is being closed
                         (present)
y gwaith a gafodd ei gau   the work which was closed
                         (past)
y gwaith a gaiff ei gau   the work which will be closed
                         (future)

Vocabulary

y cwch (*m*)	/kuːχ/	boat, **cychod** (*pl*)	/ˈkəχɒd/
ysgrifennwr (*m*)	/əsgrɪvˈɛnʊr/	writer, **ysgrifenwyr** (*pl*)	
		/əsgrɪvˈɛnwɪr/	
cyhoeddi (**cyhoedd-**)	/kəˈhɒɪði/	to announce, to publish	
y lori (*f*)	/ˈlɒri/	lorry, **lorïau** (*pl*)	/lɒrˈiːɛ/
y glo (*m*)	/gloː/	coal	
casáu	/kasˈai/	to hate	
edmygu	/ɛdˈməgi/	to admire	
trin	/triːn/	to treat	

Exercise 52

*Fill the gaps with the appropriate relative pronoun (remember that **a** causes the soft mutation):*

1 Dyna'r bachgen _____ enillodd y ras.
 That's the boy who won the race.

2 Dyna'r cwch _____ buon nhw'n hwylio ynddo.
 That's the boat in which they sailed.

3 Gwelais i'r teulu _____ mae eu mab yn y coleg.
 I saw the family whose son is at college.

4 Dyma'r ferch _____'n mynd i'r coleg.
 Here is the girl who is going to college.

5. Dacw'r dyn _____ cafodd ei eni yng Nghaerdydd.
 Yonder is the man who was born in Cardiff.

6. Ble mae'r tîm _____ collodd y gêm?
 Where is the team that lost the game?

7. Dyna'r flwyddyn _____ daethon ni yma i fyw.
 That is the year we came here to live.

8. Dyma'r post _____ daeth y bore 'ma.
 Here is the mail that came this morning.

9. Cwrddais i â'r ysgrifennwr _____ cafodd ei nofel ei chyhoeddi.
 I met the writer whose novel was published.

10. Dyna'r lori _____ daeth y glo arni hi.
 That's the lorry on which the coal came.

Exercise 53

Translate:

1 That's the team which won the game.
2 Where is the family whose son is in Cardiff College?
3 I saw the boat that lost the race.
4 That's the boy who was born in Llanelli.
5 There's the man who works in the bank.

Exercise 54

Translate

1 Who is Mair?
2 Who does Mair admire?
3 What is Siôn?
4 What is Siôn doing?
5 What are they?
6 What are they doing?
7 Who is she?
8 Who does she hate?
9 Who is the doctor?
10 Who is the doctor treating?

51 Countries

In Welsh, all countries are feminine except those which end in
-tir/-dir '-land' or **-tiroedd/-diroedd** '-lands'. The definite
article **y(r)** often preceeds the name, especially ones beginning
with a vowel.

Awstralia	Australia
Awstria	Austria
Brasil	Brazil
Canada	Canada
De Affrica	South Africa
Denmarc	Denmark
Ffrainc	France
Gwlad Belg	Belgium
Gwlad Groeg	Greece

Gwlad Pŵyl	Poland
Gwlad yr Iâ	Iceland
Hwngari	Hungary
Iwerddon	Ireland
Lloegr	England
Llydaw	Brittany
Lwcsembwrg	Luxembourg
Norwy	Norway
Portiwgal	Portugal
Prydain	Britain
Rwsia	Russia
Sbaen	Spain
Seland Newydd	New Zealand
Twrci	Turkey
y Ffindir	Finland
y Swistir	Switzerland
yr Aifft	Egypt
yr Alban	Scotland
yr Almaen	Germany
yr Ariannin	Argentina
yr Eidal	Italy
yr Iseldiroedd	the Netherlands
yr Unol Daleithiau	the United States

Exercise 55

Study the following question:

Ydych chi'n mynd i Sbaen ar eich gwyliau?	Are you going to Spain on your holidays?
Nac ydyn, dyn ni'n mynd i'r Eidal.	No, we're going to Italy.

Ask yourself the same question, and answer it, from the list below:

1	yr Unol Daleithiau	Canada	
2	Awstria	y Swistir	
3	Gwlad Groeg	Twrci	
4	Gwlad yr Iâ	Norwy	
5	Iwerddon	yr Alban	
6	Awstralia	Seland Newydd	
7	yr Iseldiroedd	Llydaw	
8	Ffrainc	yr Almaen	

52 More idioms

Here are a few more idioms used in everyday speech:

ar agor	open
ar ei ben	exactly
ar fy mhen fy hunan	by myself
ar gau	closed
beth am?	what about?
dan glo	locked
gorau po gyntaf	the sooner the better
newydd sbon	brand new
o chwith	the wrong way round
o'r diwedd	at last
o'r gorau	alright, OK
siglo llaw	to shake hands
talu'n hallt	to pay dearly
tu chwith	inside out
tybed?	I wonder?
wrth fy modd	delighted
y tro diwethaf	the last time
ych a fi!	ugh!

Vocabulary

naw	/nau/	nine
y cariad (*m*)	/ˈkarjad/	love, sweetheart, **cariadon** (*pl*) /karˈjɑːdɒn/
hen bryd	/heːn ˈbriːd/	about time
y chwant (*m*)	/χwant/	desire
ecsotig	/ɛgˈzɒtik/	exotic
eleni	/(ɛ)ˈlɛni/	this year
arian (*pl*)	/ˈarjan/	money
prin	/prɪn/	scarce, short (when describing money)
Eryri	/ɛrˈəri/	Snowdonia
yr Wyddfa	/ər ˈwiðva/	Mount Snowdon
ffansïo (**ffansï-**)	/fanˈsiːo/	to fancy

rhannu (â) (**rhann-**)	/ˈr̥ani/	to share (with)
swnllyd	/ˈsʊnɬɪd/	noisy
y garafán (*f*)	/karaˈvan/	caravan, **carafannau** (*pl*) /karavˈanɛ/
rhad	/r̥ɑːd/	cheap
yr eisteddfod (*f*)	/əisˈdɛðvɒd/	eisteddfod, Welsh literary and musical festival, **eisteddfodau** (*pl*) /əisdɛðˈvoːdɛ/
cenedlaethol	/kɛnɛdˈləiθɒl/	national
y syniad (*m*)	/ˈsənjad/	idea, **syniadau** (*pl*) /sənˈjadɛ/
campus	/ˈkampɪs/	splendid
trefniadau (*pl*)	/trɛvnˈjɑːdɛ/	arrangements

SGWRS

Mae Iwan yn trafod ble i fynd ar ei wyliau gyda'i gariad, Nia.

Iwan Mae'n hen bryd i ni feddwl am ein gwyliau.

Nia Mae (ch)want arna i fynd i rywle ecsotig eleni.

Iwan Cofia (ein) bod ni'n brin o arian. Bydd rhaid i ni aros yng Nghymru eleni, mae (ar)na i ofn.

Nia Beth am fynd i Eryri? Gallwn ni aros gyda Tudur ac Eirlys.

Iwan Dim diolch. Dw i ddim yn ffansïo rhannu tŷ â thri o blant bach swnllyd a chi.

Nia Wel, mae'r Eisteddfod yn ymweld ag Abertywi yn Awst. Gallwn ni rentu carafán yn rhad iawn.

Iwan Dyna ni 'te. Syniad campus. Nawr 'te, pwy sy'n mynd i wneud y trefniadau?

TRANSLATION

Iwan is discussing where to go on his holidays with his girlfriend, Nia.

Iwan It's high time for us to think about our holidays.

Nia I want to go somewhere exotic this year.

Iwan Remember that we are short of money. We'll have to stay in Wales this year, I'm afraid.

Nia What about going to Snowdonia? We can stay with Tudur and Eirlys.

Iwan No thanks. I don't fancy sharing a house with three noisy little children and a dog.

Nia Well, the Eisteddfod is visiting Abertywi in August. We can rent a caravan very cheaply.

Iwan There we are then. A splendid idea. Now then, who's going to make the arrangements?

Lesson 10

53 The future tense of irregular verbs

a) Here are the inflected future forms of the irregular verbs **mynd**, **dod**, **gwneud** and **cael**, in the affirmative:

MYND

af fi	I will go
ei di	you will go (*fam*)
aiff e, o (NW)	he will go
aiff hi	she will go
aiff Siân	Siân will go
aiff y plant	the children will go
awn ni	we will go
ewch chi	you will go
ân nhw	they will go

DOD

dof fi	I will come
doi di	you will come (*fam*)
daw e, o (NW)	he will come
daw hi	she will come
daw Siân	Siân will come
daw'r plant	the children will come
down ni	we will come
dewch chi	you will come
dôn nhw	they will come

GWNEUD

gwnaf fi	I will do/make
gwnei di	you will do/make (*fam*)
gwnaiff e, o (NW)	he will do/make
gwnaiff hi	she will do/make
gwnaiff Siân	Siân will do/make
gwnaiff y plant	the children will do/make
gwnawn ni	we will do/make
gwnewch chi	you will do/make
gwnân nhw	they will do/make

CAEL

caf fi	I will get
cei di	you will get (*fam*)
caiff e, o (NW)	he will get
caiff hi	she will get
caiff Siân	Siân will get
caiff y plant	the children will get
cawn ni	we will get
cewch chi	you will get
cân nhw	they will get

Like the regular future forms (see **Section 47**) the irregular future forms originally denoted the present tense, and are still used as such especially in literary Welsh.

LITERARY FORMS			
Mynd	**Dod**	**Gwneud**	**Cael**
af	deuaf	gwnaf	caf
ei	deui	gwnei	cei
â	daw	gwna	caiff
awn	deuwn	gwnawn	cawn
ewch	dewch	gwnewch	cewch
ânt	deuant	gwnânt	cânt

b) Apart from their irregular forms, the inflected forms of the verbs operate in exactly the same way as the regular ones (see **Section 47**).

Vocabulary

cyn bo hir	/kɪn bo ˈhiːr/	before long
y syndod (*m*)	/ˈsəndɒd/	surprise

Exercise 56

Translate:
1 I'll go before long.
2 They won't come now.
3 She'll get a surprise.
4 He won't do anything (nothing).
5 The letter will come in the morning.
6 The children will go to school.
7 They won't go back.
8 A lot of people will come tomorrow.

54 'Gwneud' as an auxiliary verb

Gwneud is often used as an auxiliary verb in the future tense, especially with interrogatives and negatives:

Wnaiff e wrando?	Will he listen?
Wnân nhw ddim mynd.	They won't go.

55 The polite command

The polite command 'will you ...?' is expressed in spoken Welsh as **wnewch chi ...?** (*fam* **wnei di ...?**). For example:

Wnewch chi ddod yma?   Will you come here?
Wnewch chi wrando arna i?   Will you listen to me?

The replies to such polite commands are **gwnaf** 'yes, I will' and **na wnaf** 'no, I won't'.

Vocabulary

cau'r drws	/kair ˈdruːs/	to shut the door
agor y drws	/ɑːgor ə ˈdruːs/	to open the door
cau'r ffenestr	/kair ˈfɛnɛst(r)/	to shut the window
agor y ffenestr	/ɑːgor ə ˈfɛnɛst(r)	to open the window
troi'r sŵn i lawr	/trɒir ˈsuːn i laur/	to turn the noise down
dod yma	/ˈdoːd əma/	to come here
estyn y pupur	/ˈɛsdɪn ə ˈpɪpɪr/	to pass the pepper
golchi'r llestri	/gɒlχir ˈɬɛstri/	to wash the dishes
codi ar eich traed	/kɒdi ar əχ ˈtraid/	to stand up
diffodd y golau	/dɪfɒð ə ˈgoːlɛ/	to switch the light off
cynn(a)u'r golau	/kən(a)ir ˈgoːlɛ/	to switch the light on

Exercise 57

Ask someone to do the things mentioned below, and answer for them:
For example: **Wnewch chi gau'r drws?** Will you close the door?
Answer: **Gwnaf, caea i'r drws.**   Yes, I'll close the door.

1)   open the door
2)   pass the paper
3)   wash the dishes
4)   switch on the light
5)   come here
6)   turn the noise down

56 Asking permission

'May I?' and 'may I have' are expressed in Welsh by **gaf fi?**. For example:

Gaf fi fynd?   May I go?
Gaf fi bwys o afalau?   May I have a pound of apples?

The replies to such questions are **cewch** (*fam* **cei**) 'yes, you may' and **na chewch** (*fam* **na chei**) 'no, you may not'

Vocabulary

yr hanner (*m*)	/'hanɛr/	half, **haneri** (*pl*)	/han'ɛri/
y peint (*m*)	/pəint/	pint, **peintiau** (*pl*)	/'pəintjɛ/
peint o gwrw	/pəint o 'gu:ru/	a pint of beer	
pwys o datws	/pʊis o 'datɔs/	a pound of potatoes	
y bil	/bɪl/	bill, **biliau** (*pl*)	/'bɪljɛ/
bocs o fatsis	/bɒks o 'vatʃɪz/	a box of matches	
torth o fara	/tɒrθ o 'vɑ:ra/	a loaf of bread	
tipyn o hufen	/tɪpɪn o 'hi:vɛn/	a little cream	
rhagor o laeth	/r̥ɑ:gor o 'laiθ/	more milk	

Exercise 58

Ask if you may have the following:
1 the bill
2 a pint of milk
3 more cream
4 a loaf of bread
5 a box of matches
6 half a pint of beer
7 more time
8 a pound of potatoes

This usage of the verb **cael** to express permission is extended to other tenses:

Ydyn ni'n cael mynd?   Are we allowed to go?
Gawsoch chi fynd?   Were you allowed to go?
Fydd e'n cael mynd?   Will he be allowed to go?

57 More conjugated prepositions

Wrth 'by, near'
wrtha i
wrthot ti (*fam*)
wrtho fe, fo (NW)
wrthi hi
wrth y plant
wrthon ni
wrthoch chi
wrthyn nhw

At 'to, towards'
ata i
atat ti (*fam*)
ato fe, fo (NW)
ati hi
at y plant
aton ni
atoch chi
atyn nhw

Heb 'without'
hebdda i
hebddot ti (*fam*)
hebddo fe, fo (NW)
hebddi hi
heb y plant
hebddon ni
hebddoch chi
hebddyn nhw

Oddi wrth 'from (a person)'
oddi wrtha i
oddi wrthot ti (*fam*)
oddi wrtho fe, fo (NW)
oddi wrthi hi
oddi wrth y plant
oddi wrthon ni
oddi wrthoch chi
oddi wrthyn nhw

Yn 'in'
yndda i
ynddot ti (*fam*)
ynddo fe, fo (NW)
ynddi hi
yn yr ysgol
ynddon ni
ynddoch chi
ynddyn nhw

O dan 'under'
o dana i
o danot ti (*fam*)
o dano fe, fo (NW)
o dani hi
o dan y ford (under the table)
o danon ni
o danoch chi
o danyn nhw

Am 'about'
amdana i
amdanot ti (*fam*)
amdano fe, fo (NW)
am y bechgyn
amdani hi
amdanon ni
amdanoch chi
amdanyn nhw

Trwy 'through'
trwydda i
trwyddot ti (*fam*)
trwyddo fe, fo (NW)
trwy'r twnnel
trwyddi hi
trwyddon ni
trwyddoch chi
trwyddyn nhw

Rhwng 'between'
rhyngdda i
rhyngddot ti (*fam*)
rhyngddo fe, fo (NW)
rhyngddi hi
rhwng y pyst (between the posts)
rhyngddon ni
rhyngddoch chi
rhyngddyn nhw

For example:

Dwedais i wrtho fe.	I told him.
Danfonwn ni lythyr ati hi.	We will send her a letter.
Cafodd e lythyr oddi wrthoch chi.	He got a letter from you.
Does dim ffydd gyda fi ynddyn nhw.	I haven't got any faith in them.
Dw i wedi clywed amdano fe.	I've heard about him.
Does dim Cymraeg rhyngddyn nhw.	They don't talk to each other. (*lit* There's no Welsh between them.)

58 'Dweud wrth' and 'dweud am'

The word for 'to tell' in Welsh is **dweud**. However, when it takes an object, the preposition **wrth** is employed:

Dwedais i wrth y plant.	I told the children.

If you want to say; 'I told the children to come', both **wrth** and **am** are needed:

Dwedais i wrth y plant am ddod.	*lit* I told the children <u>about</u> coming.

Vocabulary

y gwesty	/ˈgwɛsdi/	hotel, **gwestai** (*pl*)	/ˈgwɛsdai/
y twnnel	/ˈtʊnɛl/	tunnel, **twnelau** (*pl*)	/tʊnˈɛlɛ/

Exercise 59

Fill the gaps in the following sentences with the appropriate personal form of the preposition:

1 Dwedais i (wrth) _____ nhw.
  I told them.
2 Ysgrifenna i (at) _____ fe.
  I'll write to him.
3 Bydd hi'n ddiflas (heb) _____ chi.
  It will be miserable without you.
4 Cawson ni lythyr (oddi wrth) _____ hi.
  We had a letter from her.
5 Dyna'r gwesty y buon ni'n aros _____ fe.
  That's the hotel in which we stayed.
6 Does dim llawer (o) _____ nhw ar ôl.
  There's not a lot of them left.
7 Dacw'r twnnel y mae llawer o drenau yn mynd (trwy) _____ fe.
  There (yonder) is the tunnel a lot of trains go through.
8 Dw i ddim wedi clywed (am) _____ nhw.
  I haven't heard of them.
9 Does dim Cymraeg (rhwng) _____ ni.
  We don't talk to each other.
10 Dwedwch (wrth) _____ hi.
  Tell her.

Exercise 60

Translate:
1 I told you.
2 We had a letter from him.
3 It will be miserable without you (*fam*).
4 I haven't heard about it (him).
5 They don't talk to each other. ('There's no Welsh between them'.)
6 There's not many of us left.
7 She will write to you.
8 Tell them to hurry.

Vocabulary

deg	/de:g/	ten
y siop bapurau (*f*)	/ə ʃɒp bapˈi:rɛ/	newsagent's
y groser	/ˈgro:sɛr/	grocer, **groseriaid** (*pl*) /grosˈɛrjɛd/
y swyddfa bost (*pl*)	/sɷiðva ˈbɒsd/	post office, **swyddfeydd post** /sɷiðˈvəið ˈpɒsd/
yr archfarchnad (*f*)	/arχˈvarχnad/	supermarket, hypermarket, **archfarchnadoedd** (*pl*) /arχvarχˈnɑ:dɒið/
i mewn (*ad*)	/i: ˈmɛun/	in
does dim ots	/dɒis dɪm ˈɒts/	never mind
y copi	/ˈkɒpi/	copy, **copïau** (*pl*) /kɒpˈi:ɛ/
y rhifyn (*m*)	/ˈr̥i:vɪn/	edition, **rhifynnau** (*pl*) /r̥ivˈənɛ/
oherwydd	/oˈhɛrwɪð/	because
lwc (*f*)	/lɷk/	luck
lwcus	/ˈlɷkɪs/	lucky
diolch byth	/di:ɒlχ ˈbɪθ/	thank goodness
y llaw (*f*)	/ɬau/	hand, **dwylo** (*pl*) /ˈdɷilo/
gyda llaw	/gəda ˈɬau/	by the way

SGWRS

Mae Iwan yn siop bapurau Mrs Owen.

Mrs Owen	Bore da Iwan. Beth alla i (ei) wneud i chi?
Iwan	Bore da Mrs Owen. Ydy'r 'Cymro' wedi dod i mewn eto?
Mrs Owen	Na(c y)dy, mae (ar)na i ofn. Mae'n hwyr iawn yn cyrraedd heddiw.
Iwan	Does dim ots. Gaf fi gopi o 'Clonc' 'te?
Mrs Owen	Mae'n ddrwg gyda fi, ond does dim rhifyn y mis yma oherwydd gwyliau'r ysgol.
Iwan	O'r gorau, gaf fi gopi o'r 'Western Mail', os gwelwch yn dda?
Mrs Owen	(D)ych chi'n lwcus. Mae dau gopi ar ôl.
Iwan	Diolch byth am hynny. Faint yw e gyda llaw?
Mrs Owen	Tri deg dwy geiniog.
Iwan	Dyna chi. Dwy geiniog ar ddeg ar hugain ar ei ben.
Mrs Owen	Diolch yn fawr. Oes rhywbeth arall?

TRANSLATION

Iwan is in the local newsagent's owned by Mrs Owen.

Mrs Owen	Good morning, Iwan. What can I do for you?
Iwan	Good morning, Mrs Owen. Has 'Y Cymro' *(Welsh language weekly)* come in yet?
Mrs Owen	No, I'm afraid. It's very late arriving today.
Iwan	Never mind. May I have a copy of 'Clonc' *(local Welsh language monthly)* then?
Mrs Owen	I'm sorry, but there's no edition this month because of the school holidays.
Iwan	Alright, may I have a copy of the 'Western Mail' *(English language daily)*, please?
Mrs Owen	You are lucky. There are two copies left.
Iwan	Thank goodness for that. How much is it by the way?
Mrs Owen	Thirty two pence.
Iwan	There you are. Thirty two pence exactly.
Mrs Owen	Thanks very much. Is there anything else?

Lesson 11

59 The subjunctive mood

In Welsh, as in English and other languages, there are special verb forms that express desire, uncertainty, supposition or unreality. These constitute a distinct mood that is known as the subjunctive. Compare the following sentences:

i)   I like learning Welsh.
ii) I would like to learn Welsh.

The first sentence merely expresses a statement, namely that I like learning Welsh, and is said to belong to the *indicative* mood, whereas the second sentence expresses a desired state, and is, accordingly, placed in the *subjunctive* mood.

The subjunctive mood in Welsh can be classified as follows:

a)   The formulaic subjunctive
b)   The conditional subjunctive

59a The formulaic subjunctive

In spoken Welsh, this form of the subjunctive is restricted to set phrases such as:

da boch chi	goodbye
doed a ddelo	come what may
boed hynny fel y bo	be that as it may
gorau po gyntaf	the sooner the better

In literary Welsh, however, there is a full range of endings for the formulaic subjunctive, which is sometimes called the 'present subjunctive'. Here are the subjunctive forms of the regular verb **dysgu** 'to learn/to teach' (stem: **dysg-**); and the irregular verbs **bod** 'to be' and **mynd** 'to go', **gwneud** 'to do/to make' and **cael** 'to have':

DYSGU	BOD	MYND	GWNEUD	CAEL
dysgwyf	bwyf	elwyf	gwnelwyf	caffwyf
dysgych	bych	elych	gwnelych	caffych
dysgo	bo, po	elo	gwnelo	caffo
dysgom	bôm	elom	gwnelom	caffom
dysgoch	boch	eloch	gwneloch	caffom
dysgont	bônt	elont	gwnelont	caffont

It must be stressed that these are *literary* forms, and are confined, on the whole, to proverbs and truisms. For example:

A laddo a leddir.	He who slays shall be slain.
Lle bo cariad, mawr y canmol.	Where there's love there's praise.
Pawb at y peth y bo.	Everyone to his own like.

59b The conditional subjunctive

i) Possibility

In English, a sentence like 'I'd go to the party (tomorrow), if I had something to wear.' is said to express <u>possibility</u> since the event referred to (the party) will take place in the future and there is a possibility, however small, of attending it. In Welsh there is a set of inflections which convey this meaning, although in spoken Welsh only four regular verbs choose these inflections. These are: **gallu** 'can' and **hoffi/licio/caru** 'to like'. Others choose the periphrastic construction with **bod** (see **Section 61**). Here are the affirmative inflected forms for **gallu** and **hoffi**:

gallwn i	I could	**hoffwn i**	I would like
gallet ti	you could (*fam*)	**hoffet ti**	you would like (*fam*)
gallai fe, fo (NW)	he could	**hoffai fe, fo** (NW)	he would like
gallai hi	she could	**hoffai hi**	she would like
gallai'r plant	the children could	**hoffai'r plant**	the children would like
gallen ni	we could	**hoffen ni**	we would like
gallech chi	you could	**hoffech chi**	you would like
gallen nhw	they could	**hoffen nhw**	they would like

> The conditional subjunctive inflections are the
> same as the imperfect indicative inflections in
> literary Welsh, where **gallwn** (**i**) **fynd** could
> either mean 'I could go' or 'I was able to go'.

The mutational rules governing the interrogative and negative
forms are the same as the past and future tenses of regular verbs
(see **Sections 28** and **47**). For example:

allwn i (ddod)?   could I (come)?
Reply: **gallech** yes, you could; **na allech** no, you couldn't
allwn i ddim   I couldn't

ii) Impossibility

In English, a sentence like 'I would have gone to the party (last
night), if I had been invited' expresses <u>impossibility</u> because,
since the event referred to took place in the past, there is no
possibility of attending it. In Welsh, impossibility is expressed by
inserting **bod wedi** between the personal inflected verb form and
the infinitive. For example:

gallwn i fynd   I could go   (possibility)
gallwn i fod wedi mynd   I could have gone   (impossibility)

The soft mutation occurs because **bod** is now the direct object of
the verb (see **Section 28a**). Study the following sentences
carefully:

Gallwn i fod wedi mynd.   I could have gone.
Hoffwn i fod wedi mynd.   I would have liked to have gone.
Carwn i fod wedi mynd.   I would have loved to have gone.

60 'Should/ought to'

'I should' is expressed in Welsh as **dylwn i**, which is formed by
adding the conditional subjunctive personal ending **-wn i** to the
verb stem **dyl-**. Here are the personal forms, followed by some
examples that include interrogative and negative:

dylwn i   I should
dylet ti   you should (*fam*)

dylai fe, fo (NW)	he should
dylai hi	she should
dylai'r plant	the children should
dylen ni	we should
dylech chi	you should
dylen nhw	they should

Dylech chi fynd adref.   You should go home.
Ddylwn i fynd?   Should I go?
Reply: **Dylech** Yes, you should; **Na ddylech** No, you shouldn't.
Ddylech chi ddim aros.   You shouldn't stay.

Vocabulary

gallu (gall-)	/ˈgaɬi/	to be able
hoffi (hoff-)	/ˈhɒfi/	to like
licio (lici-)	/ˈlɪkjo/	to like
caru (car-)	/ˈkɑːri/	to like, to love
casglu (casgl-)	/ˈkasgli/	to collect
gwrthod (gwrthod-)	/ˈgʊrθɒd/	to refuse

Exercise 61

Answer the following questions in the affirmative and the negative. For example:

Allech chi helpu?	Could you help?
Gallwn, gallwn i helpu.	Yes, I could help.
Na allwn, allwn i ddim helpu.	No, I couldn't help.

1 Hoffech chi fynd?
2 Ddylwn i ffonio?
3 Allwn i ddod?
4 Licien nhw weld?
5 Ddylai fe yfed a gyrru?
6 Allai Alun gasglu'r tocynnau?

Exercise 62

Answer the following questions in the affirmative and the negative. For example:

Allech chi fod wedi helpu?	Could you have helped?
Gallwn, gallwn i fod wedi helpu.	Yes, I could have helped.
Na allwn, allwn i ddim bod wedi helpu.	No, I couldn't have helped.

1 Hoffech chi fod wedi mynd?
2 Ddylwn i fod wedi ffonio?
3 Allwn i fod wedi dod?
4 Licien nhw fod wedi gweld?
5 Ddylai fe fod wedi yfed a gyrru?
6 Allai Alun fod wedi casglu'r tocynnau?

Exercise 63

Translate:
1 I could go.
2 You should telephone.
3 I'd like to go.
4 Should they drink and drive?
5 She should have said.
6 You should have waited.
7 You could have refused.
8 They'd like to see.
9 Should I have telephoned?
10 Would you have liked to have gone?

61 The conditional subjunctive of 'bod'

In spoken Welsh 'I would be' can be expressed either as **byddwn i** or **baswn i**. The two forms are interchangeable, and both are used to a greater or lesser degree throughout Wales. The latter is often shortened to **'swn i**. Here are the personal forms:

Affirmative

byddwn i	**baswn i**	I would be
byddet ti	**baset ti**	you would be (*fam*)
byddai fe, fo (NW)	**basai fe, fo** (NW)	he would be
byddai hi	**basai hi**	she would be
byddai Helen	**basai Helen**	Helen would be
bydden ni	**basen ni**	we would be

byddech chi	**basech chi**	you would be
bydden nhw	**basen nhw**	they would be

> LITERARY FORMS
> **byddwn**
> **byddit**
> **byddai**
> **byddem**
> **byddech**
> **byddent**

Yn is used as a predicative marker, which causes adjectives and nouns to suffer soft mutation (see **Section 9**):

byddai

Byddwn i'n ddiolchgar.	I would be grateful.	ADJECTIVE
Byddai fe'n filwr.	He would be a soldier.	NOUN
Fydden nhw ddim gartref.	They wouldn't be home.	ADVERB

basai

Baswn i'n ddiolchgar.	I would be grateful.	ADJECTIVE
Basai fe'n filwr.	He would be a soldier.	NOUN
Fasen nhw ddim gartref.	They wouldn't be home.	ADVERB

However, as with the indicative mood, **yn** does *not* cause infinitives to mutate (see **Section 9**). For example:

Byddwn i'n galw.	I would call.
Basai fe'n talu.	He would pay.
Beth fydden nhw'n ei wneud?	What would they do?

Questions are answered by using the appropriate personal form of the verb:

Fyddech chi'n grac?   Would you be angry?
Reply: **Byddwn** 'Yes, I would'; **Na fyddwn** 'No, I wouldn't be'.

As with the past and future tenses of **bod** (see **Sections 23 and 43**), negative sentences are expressed by: soft mutation + personal verb form + **ddim**. For example:

Affirmative:	**Byddwn i'n talu**	I would pay.
Interrogative:	**Fyddech chi'n talu?**	Would you pay?
Negative:	**Fyddwn i ddim yn talu.**	I wouldn't pay.

IMPORTANT

Wedi expresses impossibility:

Byddwn i wedi galw.	I would have called.
Basai fe wedi talu.	He would have payed.
Beth fydden nhw wedi ei wneud?	What would they have done?

(Compare this with the use of **wedi** as an aspectual marker in **Sections** 7 and 9)

---

62 Conditional clauses

In Welsh, there are two words which mean 'if': **os** and **pe**.

(i) Os

This form is used in the indicative mood with the following tenses:

Os dw i'n iawn, does dim diben mynd. (Present)
If I'm right, there's no point going.

Os gorffennwch chi, gallwch chi fynd. (Present indefinite)
If you finish, you can go.

Os bydd hi'n braf, awn ni i'r traeth. (Future)
If it's fine, we'll go to the beach.

Os chwaraeodd Cymru mor dda, sut collon nhw? (Past)
If Wales played so well, how did they lose?

Os oedd Dafydd yn sâl, beth oedd e'n ei wneud yn y clwb neithiwr? (Imperfect)
If Dafydd was ill, what was he doing in the club last night?

(ii) Pe (the subjunctive 'if')

The phrase 'if I were' can be expressed in spoken Welsh in two ways:

a) By putting **pe** 'if' in front of the conditional subjunctive forms of **bod**:

pe byddwn i'n mynd
pe baswn i'n mynd } if I went/if I were to go

Both forms have a tendency to be shortened to **'ddwn** and **'swn i** respectively in spoken Welsh.

b) By using special forms:

SOUTH WALES	NORTH WALES	
petawn i	**(pe)taswn i**	if I were
petait ti	**(pe)taset ti**	if you were (*fam*)
petai fe	**(pe)tasai fo**	if he were
petai hi	**(pe)tasai hi**	if she were
petai'r plant	**(pe)tasai'r plant**	if the children were
petaen ni	**(pe)tasen ni**	if we were
petaech chi	**(pe)tasech chi**	if you were
petaen nhw	**(pe)tasen nhw**	if they were

This type of conditional clause is very common in Welsh, and you should learn the following sentence pattern thoroughly:

Beth fasech chi'n ei wneud petaech chi'n ennill y 'Pools'?	What would you do if you won the Pools?
Petawn i yn eich lle chi, faswn i ddim yn gwneud hynny.	If I were you (*lit* If I were in your place), I wouldn't do that.
Baswn i'n mynd petawn i'n gallu.	I would go if I could.

Here are some useful interrogatives:

basai	byddai	
pwy fasai?	**pwy fyddai?**	who would?
beth fasai?	**beth fyddai?**	what would?
ble basai?	**ble byddai?**	where would?
sut basai?	**sut byddai?**	how would?

Vocabulary

cyfoethog	/kəˈvɒiθɒg/	rich
tlawd	/tlaud/	poor
o gwmpas	/o ˈgʊmpas/	around
y byd	/biːd/	world

arlunio (arluni-)	/arlɪnjo/	paint pictures
y tro	/tro:/	turn
y tro cyntaf	/ə tro: ˈkənta(v)/	the first time
mynd am dro	/mɪnd am ˈdro:/	to go for a walk
hynny	/ˈhəni/	that (abstract)
gwell	/gwe:ɫ/	better

Exercise 64

Answer the following questions as shown:

Beth fasech chi'n ei wneud   What would you do if you
** petai llawer o amser gyda chi?**   had a lot of time?
(write a book)

Petai llawer o amser gyda fi   If I had a lot of time I'd write
** byddwn i'n ysgrifennu llyfr.**   a book.

1 Beth fasech chi'n ei wneud petaech chi'n gyfoethog?
  (travel around the world)
2 Beth fasech chi'n ei wneud petaech chi ddim yn teithio?
  (paint pictures)
3 Beth fasech chi'n ei wneud petai'n bwrw glaw yfory?
  (stay at home)
4 Beth fasai Gareth yn ei wneud petai'n bwrw glaw?
  (go to the pub)
5 Beth fasai'r plant yn ei wneud?
  (watch television)
6 Beth fasech chi'n ei wneud petai hi'n braf?
  (go for a walk)

Exercise 65

Translate:
1 I'd go if I could.
2 What would you do? (*fam*)
3 Who would think that?
4 I wouldn't arrive late.
5 If I were you.
6 She would call if she could.
7 Who would be the best?

8 We would be grateful.
9 I wouldn't want to be in his shoes.
10 What would your father do?

Vocabulary

un ar ddeg	/i:n ar ˈðe:g/	eleven
y maes (*m*)	/mais/	field, **meysydd** (*pl*) /ˈməisɪð/
Maes yr Eisteddfod	/mais ər əisˈdɛðvɒd/	the Eisteddfod Field
cenedlaethol	/kɛnɛdˈləiθɒl/	national
y cyfle (*m*)	/ˈkəvlɛ/	oppurtunity, **cyfleon** (*pl*) /kəvˈle:ɒn/
ers hydoedd	/ɛrs ˈhədɒið/	for (since) ages
y seremoni (*f*)	/ˈsɛrɛmoni/	ceremony, **seremonïau** (*pl*) /sɛrɛmɒnˈi:ɛ/
y goron (*f*)	/ˈko:rɒn/	crown, **coronau** (*pl*) /korˈɒnɛ/
coroni (**coroni-**)	/korˈɒni/	to crown
y bardd (*m*)	/barð/	bard, poet, **beirdd** (*pl*) /bəirð/
i fod	/i ˈvo:d/	supposed to be
y babell (*f*)	/ˈpa:bɛɬ/	tent, **pebyll** (*pl*) /ˈpɛbɪɬ/
y cwpanaid (*m*)	/kʊpˈɑ:nɛd/	cuppa, cupful, **cwpaneidi** (*pl*) /kʊpanˈəidi/
y dyddiau da	/ə dəðjɛ ˈdɑ:/	the good old days
y glonc (*f*)	/klɒŋk/	chat
siapo (**siap-**)	/ˈʃɑ:po/	to hurry
y sêt (*f*)	/se:t/	seat, **seti** (*pl*) /ˈse:ti/
y pafiliwn (*m*)	/pavˈɪljʊn/	pavilion

SGWRS

Mae Iwan a Nia yn cerdded o gwmpas Maes yr Eisteddfod (Genedlaethol).

Iwan Mae'n braf ymweld â'r 'Steddfod, ond yw hi?

Nia Ydy, mae'n rhoi cyfle i ni gwrdd â hen ffrindiau dyn ni ddim wedi'u gweld ers hydoedd.

Iwan Faint o'r gloch (d)yn ni i fod i gwrdd ag Aled a Carys?

Nia Am hanner awr wedi tri, (d)w i'n meddwl.

Iwan Liciwn i ddim colli Seremoni Coroni'r Bardd. Ble (d)yn ni i fod i gwrdd â nhw?

Nia Ym Mhabell y Dysgwyr. Fe gawn ni gwpanaid a chlonc am yr hen ddyddiau da.

Iwan Faint o'r gloch yw hi nawr?

Nia Deg munud i ddau.

Iwan Gwell i ni siapo, neu fydd dim sêt ar ôl yn y Pafiliwn.

TRANSLATION

Iwan and Nia are strolling around the (National) Eisteddfod Field.

Iwan It's lovely to visit the Eisteddfod, isn't it?

Nia Yes, it gives us a chance to see old friends we haven't seen for ages.

Iwan What time are we supposed to meet Aled and Carys?

Nia At half past three, I think.

Iwan I wouldn't like to miss the Crowning (of the Bard) Ceremony. Where are we supposed to meet them?

Nia In the (Welsh) Learners' Tent. We'll have a chat about the good old days over a cuppa.

Iwan What's the time now?

Nia Ten to two.

Iwan We'd better hurry or there won't be a seat left in the Pavilion.

Lesson 12

63 Defective verbs

Defective verbs are those which do not possess the full range of
tenses and/or personal forms. We've already come across
'should/ought to' (see **Section 60**), which is restricted to the
subjunctive mood. There are a number of verbs in Welsh which
are even more restricted:

(i)   Meddai 'said'

Meddai means 'said' and is used in quotative speech:

"Dw i'n mynd nawr", meddai fe.   "I'm going now", he said.
"Fi oedd e", meddwn i.   "It was me", I said.

Here are the personal forms of **meddai**:

meddwn i	I said
meddet ti	you said (*fam*)
meddai fe/fo (NW)	he said
meddai hi	she said
meddai Siôn	Siôn said
medden ni	we said
meddech chi	you said
medden nhw	they said

Vocabulary

amser brecwast	/amsɛr ˈbrɛkwasd/	breakfast time
amser cinio	/amsɛr ˈkɪnjo/	dinner time
amser te	/amsɛr ˈteː/	tea time
amser swper	/amsɛr ˈsʊpɛr/	supper time
amser i fynd	/amsɛr i ˈvɪnd/	time to go

161

Exercise 66

Translate the following sentences as follows:

He said he was going.   **Dwedodd e ei fod e'n mynd.**

"I'm going", he said.   **"Dw i'n mynd", meddai fe.**

1 She thought she was lonely.
2 "I'm lonely", she said.
3 They said they were ill.
4 "We're ill", they said.
5 Huw said it was dinner time.
6 "It's dinner time", said Huw.
7 I said that I thought it was you. (**mai**)
8 "I thought it was you", I said. (**mai**)
9 We said that it was time for us to go.
10 "It's time for us to go", we said.

(ii) **Piau** 'to own/possess' is only used in emphatic sentences like:

Pwy sydd biau'r llyfr yma?   Who owns this book?

Fi sydd biau fe.   It's <u>mine</u>.

Vocabulary

piau	/ˈpiːa(i)/	to own	
y raced (*f*)	/ˈrakɛd/	racket, **racedi** (*pl*)	/rakˈɛdi/
y bêl (*f*)	/peːl/	ball, **peli** (*pl*)	/ˈpeːli/
y tei (*m*)	/təi/	tie, **teis** (*pl*)	/təiz/
y sbectol (*f*)	/ˈsbɛktɒl/	glasses, spectacles	
y grib (*f*)	/kriːb/	comb, **cribau** (*pl*)	

Exercise 67

Ask who owns the following objects, and give the appropriate answer. For example:

siwmper   fi

Pwy sydd biau'r siwmper yma?   **Fi sydd biau hi.**

1 esgidiau   Aled
2 cot   Ann
3 beic   ni

4	car	nhad
5	raced	fi
6	peli	nhw
7	tei	nhad-cu
8	sbectol	chi
9	crib	fe
10	ci	hi

(iii) Geni 'to be born'

The verb **geni** occurs only in impersonal forms like **ganed** and **ganwyd** 'was born' and in the passive construction (see **Section 44**). For example:

Ces i fy ngeni yn Ne Cymru.   I was born in South Wales.
Cafodd Dafydd ei eni yng   Dafydd was born in North
  Ngogledd Cymru.   Wales.

64 Impersonal forms of the verb

Throughout this book, we have listed all the inflected verb forms except one - the impersonal inflection. The reason for doing this is that impersonal forms of the verb are not common in everyday speech (with the notable exception of the past impersonal form). However, they occur very frequently in written Welsh, and are used quite extensively in the mass media of television and radio. Here are the different impersonal inflections using **canu** (stem: **can-**) 'to sing':

cenir y gân   the song is sung/will be sung   (Present/Future)
canwyd y gân   the song was sung   (Past)
cenid y gân   the song was being sung/   (Imperfect/
                  would be sung   Conditional subjunctive)
canasid y gân   the song had been sung   (Pluperfect)

The **i** in the present/future and imperfect/conditional subjunctive inflections causes the **a** in the stem of the verb to become **e**. This change is known as 'affection'.

Here is a list of the impersonal forms of irregular verbs. You should always remember that these are *written* rather than spoken forms:

Infinitive	Present/future	Past	Imperfect/cond. subj.
bod	ydys	buwyd	byddid
mynd	eir	aethpwyd, aed	eid
dod	deuir	daethpwyd	deuid
gwneud	gwneir	gwnaethpwyd	gwneid
cael	ceir	cafwyd	ceid
gwybod	gwyddys	gwybuwyd	gwybyddid
adnabod	adwaenir	adnabuwyd	adweinid
'dylu'			dylid

The direct object of the impersonal form of the verb is not mutated. For example:

Cyhoeddwyd llyfr ar hanes Cymru.	A book on Welsh history was published.
Anafwyd bachgen mewn damwain car.	A boy was injured in a car accident.

65 The impersonal negative

As the above are usually literary forms only, the negative particle **ni** (**nid** before a vowel) is enough to make them negative. **Ni** causes the aspirate mutation with verbs which begin with **p**, **t** and **c**, and the soft nutation with verbs which begin with **b**, **d**, **g**, **m**, **ll** and **rh**:

Ni chaniateir ysmygu.	Smoking isn't allowed.
Ni laddwyd neb.	No-one was killed.

66 The impersonal imperative

The impersonal imperative inflection is **-er**. It is negated by placing **na** (**nac** – pronounced 'nag' – in front of a vowel). **Na** causes the same mutations as **ni**. Examples of the impersonal negative are to be seen on public signs and notices:

Na nofier.	Do not swim.
Nac ysmyger.	Do not smoke.
Na thwyller.	Do not cheat.
Na phoener.	Do not worry.

In commands such as 'no smoking', 'no' is expressed by the negative particle **dim**, and 'smoking' by the infinitive of the verb concerned. For example:

dim ysmygu	no smoking
dim parcio	no parking
dim stopio	no stopping
dim nofio	no swimming

Vocabulary

codi (cod-)	/ˈkɒdi/	to build
y gyngerdd (*f*)	/ˈkəŋɛrð/	concert, **cyngherddau** (*pl*) /kəŋˈhɛrðɛ/
caniatáu (caniata-)	/kanjaˈtai/	to allow
y corff (*m*)	/kɒrf/	body, **cyrff** (*pl*) /kɪrf/
dod o hyd i	/doːd oː ˈhiːd i/	to come across, discover
mynd â	/ˈmɪnd a/	to take
dod â	/ˈdoːd a/	to bring
yr ysbyty (*m*)	/əsˈbəti/	hospital, **ysbytai** (*pl*) /əsˈbətai/
trafod (trafod-)	/ˈtrɑːvɒd/	to discuss
twyllo (twyll-)	/ˈtʊiɬo/	to cheat, deceive

Exercise 68

Using the impersonal inflections, translate the following sentences.
For example: The song was sung.   **Canwyd y gân.**

1 The house was built.
2 A concert will be held.
3 Don't worry.
4 Canvassing won't be allowed.
5 My father was born in Aberystwyth.
6 A body was discovered (come across).
7 Siôn was taken to (the) hospital.
8 The matter was discussed.
9 Do not swim.
10 One should know better. (**dylid**)

67 'Blwyddyn', 'blwydd' and 'blynedd'

In Welsh, 'year/s' is expressed in the following ways:

(i) blwyddyn – used on its own, with the cardinal **un** 'one' and with all ordinals: For example:

Treuliais i flwyddyn yn Iwerddon.	I spent a year in Ireland.
Buodd e'n athro am un flwyddyn.	He was a teacher for one year.
y flwyddyn gyntaf	the first year
y drydedd flwyddyn	the third year

The ordinary plural form of **blwyddyn** is **blynyddoedd**.

(ii) blwydd – used with age:

un flwydd oed	one year old
tair blwydd oed	three years old

Blwydd is often omitted in such phrases, but **oed** 'age' remains:

pump oed	five (years old)
deuddeg oed	twelve (years old)

(iii) blynedd – used with numerals (except **un**):

dwy flynedd yn ôl	two years ago
ymhen chwe blynedd	in six years time

The mutations are the same for both **blynedd** and **blwydd**. So, we'll concentrate on the former:

	MUTATION	FORM
1	Soft	**un flwyddyn**
2	Soft	**dwy flynedd**
3		**tair blynedd**
4		**pedair blynedd**
5	Nasal	**pum mlynedd**
6		**chwe blynedd**
7	Nasal	**saith mlynedd**
8	Nasal	**wyth mlynedd**
9	Nasal	**naw mlynedd**
10	Nasal	**deg (deng) mlynedd**

After 10, **blynedd** mutates according to the number it follows. This is true of both the decimal and the traditional (vigesimal) systems (see **Section 31**):

	DECIMAL	VIGESIMAL
11	**un deg un mlynedd**	**un mlynedd ar ddeg**
12	**un deg dwy flynedd**	**deuddeg mlynedd**
15	**un deg pum mlynedd**	**pymtheg mlynedd**
16	**un deg chwe blynedd**	**un mlynedd ar bymtheg**
20	**dau ddeg mlynedd**	**ugain mlynedd**
31	**tri deg un mlynedd**	**un mlynedd ar ddeg ar hugain**
50	**pum deg mlynedd**	**hanner can mlynedd**
100	**can mlynedd**	**can mlynedd**

Exercise 69

Give the appropriate form of **blynedd** *after the following numbers:*

a)	2	e)	3	i)	50
b)	11	f)	17	j)	18
c)	8	g)	6	k)	19
d)	20	h)	36	l)	21

68 'Byth' and 'erioed'

In Welsh, 'never' is expressed by **byth** or **erioed**. **Byth** is used with the imperfect indicative verb forms, the conditional subjunctive forms (whose inflections are derived from the imperfect indicative) and the simple past. **Erioed** is used with the perfect indicative forms (except the future perfect), i.e. after **wedi**, and the past tense of **bod**. For example:

BYTH
Imperfect indicative forms:

Dw i ddim yn ennill.	I don't win.	(Present)
Dw i byth yn ennill.	I never win.	
Fydda i ddim yn ennill.	I won't win.	(Future)
Fydda i byth yn ennill.	I will never win.	
Doeddwn i ddim yn ennill.	I didn't win.	(Imperfect)
Doeddwn i byth yn ennill.	I never won.	

Conditional subjunctive forms:

Allwn i ddim ennill.	I couldn't win. (Possibility)
Allwn i byth ennill.	I could never win.
Fyddwn i ddim yn ennill.	I wouldn't win. (Possibility)
Fyddwn i byth yn ennill.	I would never win.
	(Showing the periphrastic construction with **bod**)
Allwn i ddim bod wedi ennill.	I couldn't have won. (Impossibility)
Allwn i byth bod wedi ennill.	I could never have won.

Simple past:

Es i ddim yn ôl.	I didn't go back. (Past)
Es i byth yn ôl.	I never went back.

ERIOED

Perfect indicative forms:

Dw i ddim wedi colli.	I haven't lost. (Present perfect)
Dw i erioed wedi colli.	I have never lost.
Doeddwn i ddim wedi colli.	I hadn't lost (Pluperfect)
Doeddwn i erioed wedi colli.	I had never lost.

Past tense of **bod**:

Fues i ddim yn Iwerddon.	I haven't been to (in) Ireland
Fues i erioed yn Iwerddon.	I have never been to (in) Ireland

Byth can also mean 'ever' and 'even'; while **erioed** can also mean 'ever' and 'always'. For example:

Cymru am byth!	Wales for ever!
Os byth af fi yn ôl ...	If I ever go back ...
Mae'r tîm yn fwy penderfynol byth o ennill.	The team are even more determined to win.
Dw i wedi byw yma erioed.	I've always lived here.
Mae Llanelli yn chwarae cystal ag erioed.	Llanelli are playing as good as ever.

Vocabulary

snwcer (*m*)	/ˈsnʊkɛr/	snooker
y falwoden (*f*)	/malˈwɔdɛn/	snail, **malwod** (*pl*) /ˈmalwɔd/
y rheolwr (*m*)	/r̥ɛˈɒlʊr/	manager, **rheolwyr** (*pl*)
		/r̥ɛˈɒlwɪr/
fel 'na	/ˈvɛl na/	like that
mewn pryd	/mɛwn ˈpriːd/	in time

Exercise 70

*Fill in the following gaps with either **byth** or **erioed**:*

1   Dw i _____ yn edrych ar snwcer ar y teledu.
    I never watch snooker on the television.

2   Doedd Carys _____ wedi bod yn Llydaw.
    Carys had never been to Brittany.

3   Allwn i _____ bwyta malwod!
    I could never eat snails!

4   Mae Morus wedi byw yn yr un tŷ _____.
    Morus has always lived in the same house.

5   Os _____ af fi i Baris, rhaid i mi fynd i'r Louvre.
    If I ever go to Paris, I must go to the Louvre.

6   Doedd Lerpwl _____ yn colli pan oedd Kenny Dalglish yn
    rheolwr.
    Liverpool never lost when Kenny Dalglish was manager.

7   Fyddwn i _____ yn prynu dim byd fel 'na.
    I'd never buy anything like that.

8   Fydd Dafydd _____ wedi gorffen mewn pryd.
    Dafydd will never have finished in time.

69 More idioms

ar y dechrau	at first
bob amser	always
bob cam	all the way
bob yn ail	alternatively
byth eto	never again
chwerthin am fy mhen	to laugh at me
gadael y gath o'r cwd	to let the cat out of the bag
nerth fy mhen	at the top of my voice

nerth fy nhraed	as fast as I could
o ddrwg i waeth	from bad to worse
rhoi'r ffidil yn y to	to give up
sefyll arholiad	to sit an exam
wrth fy modd	delighted
y rhan fwyaf	the most
yn llygad fy lle	dead right

Vocabulary

deuddeg	/'dəiðɛg/	twelve
y bwletin (*m*)	/'bʊlɛtin/	bulletin, **bwletinau** (*pl*) /bʊlɪt'ɪnɛ/
o flaen	/o: 'vlain/	in front of
gwylio (**gwyli-**)	/'gwɪljo/	to watch
y darllenydd (*m*)	/darɬ'ɛnɪð/	reader, **darllenwyr** (*pl*) /darɬ'ɛnwɪr/
y gweithiwr (*m*)	/'gwəiθjʊr/	worker, **gweithwyr** (*pl*) /'gwəiθwɪr/
y swydd (*f*)	/sʊið/	job, **swyddi** (*pl*) /'sʊiði/
y gwaith (*m*)	/gwaiθ/	work, **gweithfeydd** (*pl*) /gwəiθ'vəið/
y dur (*m*)	/di:r/	steel
y gwaith dur (*m*)	/ə gwaiθ 'di:r/	the steelworks
y llefarydd (*m*)	/ɬɛv'ɑ:rɪð/	spokesperson
ar ran	/ar 'ran/	on behalf of
canlyniad (*m*)	/kan'lənjad/	result, **canlyniadau** (*pl*) /kanlən'ja:dɛ/
y cyflwr (*m*)	/'kəvlʊr/	state, condition, **cyflyrau** (*pl*) /kəv'lərɛ/
presennol	/prɛs'ɛnɒl/	present
y llanc (*m*)	/ɬaŋk/	youth, lad, **llanciau** (*pl*) /'ɬaŋkjɛ/
yn ymyl	/ən 'əmɪl/	near
y draffordd (*f*)	/'trafɒrð/	motorway, **traffyrdd** (*pl*) /'trafɪrð/
apelio (**apel-**)	/ap'ɛljo/	to appeal
y tyst (*m*)	/tɪsd/	witness, **tystion** (*pl*) /'təsdjɒn/
nifer (*f*)	/'ni:vɛr/	(a) number
arestio (**aresti-**)	/ar'ɛsdjo/	to arrest

protestio (**protesti-**)	/prot'ɛsdjo/	to protest
tu allan	/ti: 'aɬan/	outside
y Swyddfa Gymreig	/ə sʊiðva gəm'rəig/	the Welsh Office
y slogan (*f*)	/'slo:gan/	slogan, **sloganau** (*pl*) /slog'ɑ:nɛ/
y ddeddf (*f*)	/dɛðv/	act (of parliament), **deddfau** (*pl*) /'dɛðvɛ/
yr iaith (*f*)	/jaiθ/	language, **ieithoedd** (*pl*) /'jəiθɒɪð/
y wal flaen (*f*)	/ə wal 'vlain/	the front wall
yr adeilad (*m*)	/ad'əilad/	building, **adeiladau** (*pl*) /adəil'ɑ:dɛ/
disgwyl (**disgwyli-**)	/'dɪsgʊil/	to expect
y gawod (*f*)	/'kauɒd/	shower, **cawodydd** (*pl*) /kau'ɒdɪð/
yn ystod	/ən 'əsdɒd/	during
y tymheredd (*m*)	/təm'hɛrɛð/	temperature
disgyn (**disgynn-**)	/'dɪsgɪn/	to fall, drop, descend
y radd (*f*)	/grɑ:ð/	degree, **graddau** (*pl*) /'grɑ:ðɛ/
Selsiws	/'sɛlsjʊs/	Celsius
clirio (**cliri-**)	/'klɪrjo/	to become clear
ymuno (**â**)	/əm'i:no (a)/	join
yr un	/ər 'i:n/	the same

BWLETIN NEWYDDION

Mae Iwan yn eistedd o flaen y teledu yn gwylio'r newyddion am wyth o'r gloch y nos.

Darllenydd 1   Noswaith dda. Dyma'r newyddion am wyth o'r gloch, nos Lun, y seithfed o Fai. Cyhoeddwyd y bydd dau gant o weithwyr yn colli eu swyddi yng ngwaith dur Port Talbot. Dwedodd llefarydd ar ran Dur Prydain fod hyn yn ganlyniad cyflwr presennol y farchnad.

Darllenydd 2   Daethpwyd o hyd i gorff llanc pymtheg oed yn ymyl traffordd yr M Pedwar yn gynnar y bore 'ma. Mae'r heddlu yn apelio am dystion.

Darllenydd 1 Arestiwyd deg o bobl am brotestio tu allan i'r
Swyddfa Gymreig yng Nghaerdydd echdoe.
Peintiwyd slogan "Deddf Iaith Newydd" gan nifer
o bobl enwog ar wal flaen yr adeilad.
...   .

Darllenydd 2 Ac nawr y tywydd. Disgwylir cawodydd trwm yn
ystod y nos. Bydd hi'n eitha(f) oer gyda'r
tymheredd yn disgyn i chwe gradd Selsiws. Dylai
hi glirio erbyn y bore.

Darllenydd 1 A dyna'r newyddion am wyth. Cofiwch ymuno â ni
yr un amser nos yfory. Nos da.

NEWS BULLETIN

**Iwan is sitting in front of the television, watching the news
at eight o'clock in the evening.**

Reader 1 Good evening. Here is the news at eight o'clock,
Monday evening, the seventh of May. It has been
announced that two hundred workers will lose
their jobs in the Port Talbot Steelworks. A
spokesperson on behalf of British Steel said this
was the result of the present state of the market.

Reader 2 The body of a fifteen year old youth was
discovered near the M4 motorway early this
morning. The police are appealing for witnesses.

Reader 1 Ten people were arrested for protesting outside the
Welsh Office in Cardiff the day before yesterday.
The slogan "Deddf Iaith Newydd" (New
Language Act) was painted by a number of famous
people on the front wall of the building.
...   .

Reader 2 And now the weather. Heavy showers are expected
during the night. It will be quite cold with
temperatures falling to six degrees Celsius. It
should become clear by the morning.

Reader 1 And that's the news at eight. Remember to join us
the same time tomorrow evening. Goodnight.

Reading Practice

On the following pages you'll find two short reading passages
which illustrate different styles of written Welsh. These have
English translations on facing pages; you should read through the
Welsh extract a couple of times without reference to the English
version, and see how well you've understood it. If you have the
cassettes, listen as well. It's a good exercise to write down at least
the gist of the extract before looking at the English and
comparing line-for-line. Then go back to the Welsh piece and
note where you've gone wrong – if necessary, revise the relevant
element of grammar and see how this applies to the difficulty
you've just encountered.

Cymru'n brwydro am arian

Mae dwy ardal yng Nghymru'n brwydro yn erbyn dinas fawr Lerpwl am filiynau o bunnoedd o Ewrop.

Yn ddistaw bach, mae siroedd Dyfed a Gwynedd yn cyhuddo'r Scowsars o fanteisio ar eu gwaith caled a cheisio 'dwyn' rhan o gynllun y mae'r ddwy sir wedi bod yn gweithio arno ers blwyddyn.

Tan ychydig yn ôl, roedd hi'n ymddangos fod Caergybi ac Abergwaun wedi llwyddo i berswadio'r Gymuned Ewropeaidd eu bod yn gymwys i wneud cais am arian ar gyfer cynllun can miliwn o bunnoedd ar y cŷd gydag Iwerddon.

Fe fyddai hwnnw'n arwain at wario ar wella cysylltiadau trafnidiaeth ac at gynlluniau ar y cŷd ynglŷn â thwristiaeth, diwydiant a'r amgylchedd, gan wneud lles i rannau helaeth o orllewin Cymru.

Mae'r cynllun *Intereg Dau* wedi'i anelu at helpu ardaloedd sy'n ffinio rhwng aelodau'r Gymuned, ac roedd Gwynedd a Dyfed wedi gorfod gweithio'n galed i berswadio'r Comisiwn Ewropeaidd bod ffiniau ar y môr yn cyfrif.

Bellach, fe ddaeth yn amlwg fod Lerpwl eisiau bod yn rhan o'r un cynllun, ac fe allai hynny olygu fod llawer llai o arian ar gael ar gyfer y ddau borthladd Cymreig.

'Dyn ni'n credu mai dim ond Cymru ac Iwerddon ddylai fe fod', meddai Caroline Turner o Adran Datblygu Economaidd Gwynedd. 'Y perygl yw mai briwsion y basen ni'n ei gael.'

Fe rybuddiodd aelod seneddol Ynys Môn, Ieuan Wyn Jones, y gallai'r frwydr gael goblygiadau tymor hir. Os bydd Lerpwl yn ennill, meddai, fe allai wanhau ymgais Caergybi ac Abergwaun i fod y prif borthladdoedd rhwng Iwerddon a gweddill Ewrop.

'Mae Caergybi eisoes ar y ffordd i ddatblygu'n borthladd gwasanaeth cyflym,' meddai. 'Mae'r *Sea Cat* ar gael ar hyn o bryd ac mi fydd yna long fwy cyflym byth ymhen deunaw mis. Mae Caergybi hefyd yn cario pobol yn ogystal â cheir a nwyddau.'

[Taken from *Golwg*, a weekly current affairs publication, 21.10.93.]

Wales battling for money

Two regions in Wales are battling against the great city of Liverpool for millions of pounds from Europe.

Quietly, the counties of Dyfed and Gwynedd are accusing the Scousers of taking advantage of their hard work and trying to 'steal' a part of the plan the two counties have been working on for a year.

Until a little while ago, it appeared that Holyhead and Fishguard had succeeded in persuading the European Commission that they were elegible to make an application for money for a hundred million pound scheme jointly with Ireland.

That would have led to spending on improving traffic links and to joint plans involving tourism, industry and the environment, benefiting large areas of west Wales.

The *Intereg Two* plan is aimed at helping adjoining regions between members of the Community, and Gwynedd and Dyfed were forced to work hard to persuade the European Commission that sea boundaries counted.

Now, it has become clear that Liverpool wants to be part of the scheme, and that could mean that far less money would be available for the two Welsh ports.

'We believe that it should only be Wales and Ireland', said Caroline Turner of the Gwynedd Economic Development Department. 'The danger is that it's crumbs that we would get.'

The member of parliament for Ynys Môn [Anglesey], Ieuan Wyn Jones, warned that the battle could have long-term implications. If Liverpool wins, he said, it could weaken Holyhead's and Fishguard's attempt to be the chief ports between Ireland and the rest of Europe.

'Holyhead is already on the way to developing into a fast service port,' he said. 'The *Sea Cat* is available at the moment and there will be a far quicker ship in eighteen months. Holyhead also carries people as well as cars and goods.'

I hela cnau

Roedd hi wedi disgwyl y byddai hi'n teimlo'n chwith ar ei ôl, ond y syndod iddi oedd yr hiraeth. Nid oedd ef erioed wedi ceisio dim ganddi ond ei chwmni. Anghofiodd y pethau annymunol, ei hunandosturi, ei slotian, ei ddannedd melyn. Cofiai yn hytrach am wên ddiolchgar ac am lais a'i acen undonog drwynol yn mwmian: 'Misi ...'

Syllai ar y lluniau ar barwydydd ei lofft, a daeth i'w meddwl nad ffôl ei gymharu ef â'r plant a wenai arni, y portreadau o ddiniweidrwydd, y ciwpidau bach tew yn chwarae o gwmpas genethod ifainc angylaidd yn dal rhosynnau. Penderfynodd eu gadael yno.

'Wyddai hi ddim yn iawn beth i'w wneud â'r holl lyfrau a oedd wedi'u pentyrru ar y llawr. Roedd mwy na digon yn y cas llyfrau fel yr oedd, a dim ond hel llwch roedd y gweddill. Gwahoddodd Simwn i gymryd ei ddewis o'u plith, a theimlo ar yr un pryd ei bod hi'n gwneud rhyw ddrwg mawr wrth chwalu trysorau pennaf Horace Newell. Ac eto, siawns na byddai'n fodlon i Simwn eu cael.

Roedd hwnnw ar ben ei ddigon. Cludodd lond ei hafflau i ffwrdd a daeth yn ôl i ymofyn ychwaneg. Crychai Rebecca ei thrwyn ar rai o'r teitlau sych. Os oedd Simwn am wastraffu ei amser yn darllen y rhain i gyd, 'doedd dim disgwyl iddo roi ei feddwl ar ei briod waith. Ond dyna fo, on'd oedd o wedi dweud wrthi fwy nag unwaith nad oedd ganddo fawr o olwg ar ddod ymlaen yn y byd. Gresynai hithau at hyn ond rhaid oedd ei dderbyn fel yr oedd. Rhaid cydnabod bod ei ddarllen wedi sicrhau iddo safle yn y capel, neu yn hytrach, yn y Gymdeithas Lenyddol. Simwn oedd yr un a enillasai'r wobr o hanner coron am draethawd ar 'Dylanwad y rheilffyrdd ar y gymdeithas Gymreig' gyda chanmoliaeth uchel gan y beirniad, gweinidog newydd o Fanceinion, y Parchedig R. J. Derfel. 'Henffasiwn a chul' oedd barn Dani Meredydd ar yr ymgais pan gafodd gyfle i'w ddarllen, ond hwyrach fod hwnnw'n siomedig am na chawsai ei foliant ef i gynnydd y dyfodol mo'i wobrwyo.

Roedd Dani yntau hefyd, wedi dechrau galw yn y siop yn awr. Ambell waith byddai Simwn ac yntau yno yr un pryd, a byddai'r awyrgylch yn dra miniog. Hoffasai Rebecca feddwl mai o'i herwydd hi yn unig roedd y ddau ddyn yn drwgleicio ei gilydd,

To seek one's fortune

She had expected that she would feel sad after him, but the surprise to her was the longing. He had never asked more of her than her company. She forgot the unpleasant things, his self-pity, his drinking, his yellow teeth. She remembered instead a thankful smile and a voice with its monotonous nasal accent humming: 'Missy ...'

She stared at the pictures on the wall of her bedroom, and it came to her (mind) that it wasn't silly to compare him to the children that smiled at her, the portraits of innocence, the little fat cupids playing around young angelic girls holding roses. She decided to leave them there.

She didn't know exactly what to do with all the books that had been heaped on the floor. There were more than enough in the bookcase as it was, and the rest were only gathering dust. She invited Simwn to take his pick amongst them, and felt at the same time that she was doing some great wickedness by scattering Horace Newell's greatest treasures. And yet, he would probably be willing for Simwn to have them.

He (Simwn) was delighted. He carried lapfuls away and came back for more. Rebecca turned up her nose at some of the dry titles. If Simwn wanted to waste his time reading all these, he couldn't be expected to put his mind to (concentrate on) his proper work. But there you are, hadn't he told her more than once that he did not think much of getting on in the world. She herself was saddened by this but she had to accept him as he was. It had to be acknowledged that his reading had secured him a place in the chapel, or rather in the Literary Society. Simwn was the one who had won the prize of half a crown for an essay on 'The Effect of the Railways on Welsh Society' with high acclaim by the adjudicator, a new minister from Manchester, the Reverend R. J. Derfel. 'Old fashioned and narrow' was Dani Meredydd's opinion of the attempt when he got an opportunity to read it, but perhaps he was disappointed that his praise to the progress of the future hadn't been rewarded.

Dani himself had started to call in the shop now. Occasionally Simwn and he would be there at the same time, and the atmosphere would be quite sharp. Rebecca liked to think that it was only because of her that the two men disliked each other, but ond gorfodai ei gonestrwydd hi i gydnabod bod holl agwedd Dani at fywyd yn gwbl wahanol i eiddo Simwn, a bod rheswm mwy sylfaenol dros y tyndra rhyngddynt.

[Taken from the historical novel *I Hela Cnau* (p.223) by Marion Eames, about the Liverpool Welsh community in the 1860's, and published in 1978 by Gwasg Gomer, Llandysul.]

her honesty forced her to admit that Dani's whole attitude to life was completely different from Simwn's, and that there was a more fundamental reason for the tension between them.

Key to Exercises

LESSON 1

Exercise 1: 1 y dyn. 2 y fenyw. 3 y ci. 4 y gath. 5 yr enw. 6 y papur. 7 y bachgen. 8 y garreg. 9 y tŷ. 10 dyn. 11 menyw. 12 cath. 13 ci. 14 papur. 15 y bechgyn. 16 y cerrig. 17 y caeau. 18 yr enwau. 19 y traed. 20 y llygaid.

Exercise 2: 1 Ie, Siôn dw i. 2 Ie, Gareth yw e. 3 Ie, plisman dw i. 4 Ie, tafarnwr yw Gareth. 5 Ie, myfyrwraig yw Siân.

Exercise 3: 1 Nage, nid Siôn dw i. 2 Nage, nid Gareth yw e. 3 Nage, nid plisman dw i. 4 Nage, nid tafarnwr yw Gareth. 5 Nage, nid myfyrwraig yw Siân.

Exercise 4: 1 Alun dw i. 2 Enid dych chi? 3 Nid Gareth yw e. 4 Ffarmwr dych chi? 5 Nid athrawon dyn nhw. 6 Bechgyn dyn ni. 7 Llewod dyn nhw. 8 Siân yw hi. 9 Nid dyn tân dw i. 10 Myfyrwraig yw hi? 11 Nid plisman yw Gareth. 12 Cymry dyn nhw?

LESSON 2

Exercise 5: 1 Dw i'n ysgrifennu. 2 Mae e'n meddwl. 3 Maen nhw'n codi. 4 Mae Siân yn mynd i'r dref bob dydd. 5 Mae hi'n gweithio yn y tŷ. 6 Dyn ni'n chwarae yn y prynhawn. 7 Mae'r plant yn gweithio. 8 Dych chi'n siarad. 9 Mae'r merched yn peintio. 10 Dw i'n breuddwydio.

Exercise 6: 1 Ydw, dw i'n cerdded bob dydd. 2 Ydyn, mae'r plant wedi codi. 3 Ydy, mae Helen yn gweithio yn y tŷ. 4 Ydy, mae'r athro yn siarad. 5 Ydych, dych chi'n breuddwydio. 6 Ydw, dw i'n mynd i'r dre heddiw. 7 Ydyn, dyn ni'n mynd allan heno. 8 Ydw, dw i'n rhedeg bob dydd. 9 Ydy, mae Siân yn ymolchi. 10 Ydyn, mae'r bechgyn yn chwarae.

Exercise 7: 1 Dw i ddim yn ysgrifennu. 2 Dyw e ddim yn meddwl. 3 Dyn nhw ddim yn codi. 4 Dyw Siân ddim yn mynd i'r dref bob dydd. 5 Dyw hi ddim yn gweithio yn y tŷ. 6 Dyn ni ddim yn chwarae yn y prynhawn. 7 Dyw'r plant ddim yn gweithio. 8 Dych chi ddim yn siarad. 9 Dyw'r merched ddim yn peintio. 10 Dw i ddim yn breuddwydio.

Exercise 8: 1 mam dda. 2 y brawd drwg. 3 chwiorydd pert. 4 y mab drwg. 5 chwaer dda.

Exercise 9: 1 Dw i'n sâl. 2 Mae e'n dal. 3 Maen nhw'n fyr. 4 Mae Siân yn brysur. 5 Mae hi'n dwym. 6 Dyn ni'n ddiflas. 7 Mae'r plant yn ddrwg. 8 Dych chi'n siriol. 9 Mae'r merched yn drist. 10 Dw i'n hapus.

Exercise 10: 1 Mae hi'n gymylog. 2 Mae hi'n bwrw glaw. 3 Mae hi'n braf. 4 Mae hi'n wlyb. 5 Mae hi'n bwrw eira. 6 Mae'n wyntog. 7 Mae'n ddiflas. 8 Mae'n bwrw cesair.

Exercise 11: 1 Mae'n braf. 2 Ydy hi'n bwrw glaw? 3 Dyw hi ddim yn wyntog. 4 Mae'n bwrw eira. 5 Ydy hi'n niwlog? 6 Dyw hi ddim yn gymylog.

Exercise 12: 1 **Oes** coffi yma?. 2 **Does** dim menyn ar ôl. 3 **Ydy** Siân yna? 4 **Mae** bara ar ôl. 5 **Oes** llaeth yn y jwg? 6 **Does** dim te yma. 7 **Dyw**'r bechgyn ddim yna.

Exercise 13: 1 Oes te ar ôl? 2 Does dim llaeth yn y jwg. 3 Ydy Siân yma? 4 Mae te yn y tebot. 5 Ydy'r bechgyn yna? 6 Does dim bara ar ôl.

LESSON 3

Exercise 14: 1 Dyma lwy. 2 Dyna'r athro. 3 Dacw'r dafarn. 4 Ai dyma'r lle? 5 Nid dyna'r dyn. 6 Dyma'r plant. 7 Ai dyna'r gwir? 8 Nid dyna'r ffordd.

Exercise 15: 1 Dyma'r bachgen sy'n gwybod. 2 Dyna'r merched sy'n gweithio. 3 Dyma'r cyllyll sy'n finiog. 4 Dyna'r plisman sy'n grac. 5 Dyma ddyn sydd ddim yn bwyta cig. 6 Ydych chi'n adnabod rhywun sy'n chwarae rygbi?

Exercise 16: 1 fy mhroblem. 2 dy gar. 3 ei frawd. 4 ein hewyrth. 5 ei chamera. 6 fy nesg. 7 dy gadair. 8 eu hathrawes.

Exercise 17: 1 fy mrawd. 2 ei chadair. 3 ein hathro. 4 dy gar. 5 ei ddesg. 6 eu hewyrth. 7 fy nghath. 8 dy broblem.

Exercise 18: 1 Dw i'n gwybod eich **bod** chi'n dda. 2 Dyn ni'n gwybod ei **fod** e'n mynd. 3 Dw i'n gwybod ein **bod** ni'n chwarae heno. 4 Maen nhw'n gwybod ei **bod** hi'n dda. 5 Maen nhw'n gwybod eu **bod** nhw'n cystadlu. 6 Mae pawb yn gwybod dy **fod** ti'n dod. 7 Dych chi'n gwybod fy **mod** i'n iawn. 8 Dw i'n credu **bod** Alun yn dod.

Exercise 19: 1 Mae e'n gwybod fy mod i'n iawn. 2 Dw i'n credu ei fod e'n gwybod. 3 Dyn ni'n gwybod bod y plant yn ddrwg. 4 Dw i'n credu bod pawb yn dod. 5 Maen nhw'n gwybod eu bod nhw'n dda. 6 Dyn ni'n credu eich bod chi'n iawn. 7 Mae pawb yn gwybod ei bod hi'n cystadlu. 8 Maen nhw'n credu ein bod ni'n dod.

Exercise 20: 1 Dw i'n gwybod **bod** Alun yn athro da. 2 Dw i'n credu

mai Mair yw'r athrawes orau. 3 Efallai **bod** hynny'n wir. 4 Maen nhw'n dweud **bod** Llanelli yn mynd i ennill. 5 Mae pawb yn gwybod **mai** Caerdydd yw'r tîm gorau. 6 Dw i'n credu eu **bod** nhw wedi mynd. 7 Mae e'n dweud **mai** ni sy'n iawn. 8 Dw i'n gwybod ei **bod** hi'n bwrw.

Exercise 21: a) deg. b) chwech. c) pump. d) wyth. e) saith.
f) wyth. g) tri. h) un.

Exercise 22: 1 un bachgen. 2 dwy ferch. 3 saith buwch. 4 tri chi.
5 pedwar car. 6 dau ddyn. 7 chwe cheiniog. 8 wyth punt. 9 pum heol. 10 tair cath. 11 naw tŷ. 12 dau bentref.

LESSON 4

Exercise 23: 1 Mae rhywbeth ar **droed**. 2 Mae'r athro dan **bwysau**.
3 Maen nhw'n teithio trwy **Gymru**. 4 Mae e'n byw yn **Nhregaron**.
5 Mae'r plant yn mynd tua **phump**. 6 Dyn ni'n mynd i **Loegr**. 7 Dw i heb **ddweud** wrth Mair. 8 Dyn ni'n torri bara â **chyllell**. 9 Mae e'n dod gyda **chwmni**. 10 Mae hi'n byw yng **Nghaerdydd**.

Exercise 24: 1 Maen nhw'n gweithio yn Nhregaron. 2 Mae'r athrawes yn mynd i Loegr. 3 Dw i ddim wedi dweud wrth Mair./Dw i heb ddweud wrth Mair. 4 Mae hi'n teithio trwy Gymru. 5 Mae rhywbeth ar droed. 6 Maen nhw'n mynd tua phedwar. 7 Mae'r plant yn dod gyda chwmni. 8 Dyn ni'n torri bara â chyllell. 9 Mae e'n byw yng Nghaerdydd. 10 Dw i dan bwysau.

Exercise 25: 1 Mae Mini gyda fi. 2 Oes plant gyda chi? 3 Does dim newid gyda Alun. 4 Mae tŷ mawr gwyn gyda nhw. 5 Does dim llawer o ffrindiau gyda nhw. 6 Ydy'r allweddi gyda ti? 7 Does dim llawer o arian gyda fi. 8 Dyw'r allweddi ddim gyda fe. 9 Mae llawer o amser gyda ni. 10 Mae tair cath gyda hi.

Exercise 26: 1 tŷ'r athro. 2 Dysgwr y Flwyddyn. 3 Prifysgol Cymru.
4 Banc Lloegr. 5 gwraig y gweinidog. 6 car Alun. 7 beic Helen.
8 tref Aberystwyth. 9 dinas Caerdydd. 10 anthem Cymru.

LESSON 5

Exercise 27: 1 Roedd hi'n braf ddoe. 2 Bues i yn y tafarn echnos.
3 Roedd e'n iachus pan oedd e'n ifanc. 4 Buon ni yn y dref echdoe.
5 Roedd hi'n bwrw (glaw) neithiwr. 6 Buodd Emyr yn y fyddin am ddwy flynedd. 7 Roedden nhw'n arfer chwarae rygbi. 8 Buodd y plant yn yr ysgol bore ddoe.

Exercise 28: 1 Do, bues i yn y dref ddoe. 2 Oedd, roedd hi'n braf echdoe. 3 Do, buodd Helen yn gweithio yn y tŷ ddoe. 4 Oedden, roedden nhw moyn mynd. 5 Do, bues i'n sâl echdoe. 6 Oeddwn, roeddwn i'n mynd i ddweud rhywbeth. 7 Do, bues i yn y sinema neithiwr. 8 Oedden, roedden nhw'n deall. 9 Do, buodd Alun yn golchi'r car y bore 'ma. 10 Oeddwn, roeddwn i'n arfer chwarae rygbi pan oeddwn i yn yr ysgol.

Exercise 29: 1 **Bues** i yn y dref ddoe. 2 **Roedd** hi'n wyntog echdoe. 3 **Fuoch** chi yn y dafarn neithiwr? 4 **Buodd** y teulu i gyd yn sâl echnos. 5 **Doedd** hi ddim yn braf y bore 'ma. 6 **Roeddwn** i'n meddwl bod hynny'n iawn. 7 **Buodd** rhywun yn holi amdanoch chi gynnau fach. 8 **Doedd** e ddim eisiau mynd allan.

Exercise 30: 1 Roedd hi'n wyntog ddoe. 2 Doedden nhw ddim moyn mynd allan. 3 Buodd y plant i gyd yn sâl ddoe. 4 Fuodd rhywun yn holi amdana i y bore 'ma? 5 Buon ni yn y dre echdoe. 6 Roeddwn i'n meddwl bod hynny'n wir. 7 Doedd hi ddim yn braf bore ddoe. 8 Fuoch chi yn y dafarn neithiwr?

Exercise 31: 1 y bachgen a oedd yn sâl ddoe. 2 y dyn a oedd yn ddall. 3 y dyn oedd ddim yma neithiwr. 4 y bobl a oedd yma y bore 'ma. 5 y bechgyn a oedd yn ymladd. 6 y merched oedd ddim yn sâl. 7 y ceffyl a oedd yn gloff . 8 y ceffyl sy'n gloff. 9 y fenyw a oedd yn fyddar.

Exercise 32: 1 y dyn yma. 2 y ferch yna. 3 y menywod yma. 4 y wers yma. 5 y llyfr yna. 6 y tŷ yma. 7 y papurau yna. 8 y pethau yma. 9 y teimlad yma.

LESSON 6

Exercise 33: 1 Dysgais i Gymraeg. 2 Enillodd Marc y ras. 3 Clywon ni'r sŵn. 4 Codon nhw. 5 Cymerodd e'r moddion. 6 Gweithiodd hi'n galed. 7 Gwelodd y plant y ffilm. 8 Gwisgais i. 9 Peintiaist ti'r wal. 10 Ysgrifennais i lythyr.

Exercise 34: 1 Canodd y ffôn. 2 Ddarllenais i ddim o'r papur. 3 Enillodd Siôn wobr? 4 Rhedon ni adref. 5 Ysgrifennoch chi lythyr? 6 Olchoch chi ddim o'r carped. 7 Gadawodd e'r clwb. 8 Chollodd hi ddim o'r trên. 9 Alwodd Mair? 10 Glywoch chi'r newyddion?

Exercise 35: 1 Dw i newydd gofio. 2 Mae'r plant wedi mynd. 3 Roedd y newyddion newydd fynd allan. 4 Mae'r papur newydd gyrraedd. 5 Dych chi wedi pasio. 6 Roedd y teulu newydd gyrraedd. 7 Mae hi wedi ymddeol. 8 Roedd e newydd adael. 9 Roedd Gruffydd newydd godi. 10 Maen nhw wedi bod.

Exercise 36: 1 Mae'r banciwr mor gyfoethog â'r athro. 2 Dw i mor dal â fy nhad. 3 Mae Anthony Hopkins mor enwog â Richard Burton. 4 Mae'r ffilm mor ddoniol â'r ddrama. 5 Mae hi mor dew â'i gŵr. 6 Mae'r banciwr yn fwy cyfoethog na'r athro. 7 Dw i'n dalach na fy nhad. 8 Mae Anthony Hopkins yn fwy enwog na Richard Burton. 9 Mae'r ffilm yn fwy doniol na'r ddrama. 10 Mae hi'n dewach na'i gŵr. 11 Y banciwr yw'r un mwyaf cyfoethog. 12 Fi yw'r talaf . 13 Anthony Hopkins yw'r un mwyaf enwog. 14 Y ffilm yw'r un fwyaf doniol. 15 Hi yw'r dewaf.

Exercise 37: a) dau ddeg. b) dau ddeg dau. c) tri deg un.
d) pedwar deg chwech. e) pum deg saith. f) chwe deg wyth. g) saith
deg. h) saith deg dau. i) wyth deg pump. j) naw deg tri. k) naw deg
naw. l) cant.

Exercise 38: 1 Mae Mair yn cael brecwast am wyth o'r gloch. 2 Mae
Mair yn cyrraedd y gwaith am naw o'r gloch. 3 Mae Mair yn cael coffi
am hanner awr wedi deg. 4 Mae Mair yn cael cinio am bum munud ar
hugain wedi deuddeg. 5 Mae Mair yn mynd adref am chwarter i bump.

LESSON 7

Exercise 39: 1 Es i i'r dref ddoe. 2 Cafodd pawb amser da.
3 Gwnaethoch chi'n dda. 4 Daethon ni ar y bws. 5 Aeth y plant adref.
6 Cawson nhw ginio. 7 Gwnest ti'r te. 8 Daeth llawer o bobl.
9 Aeth y trên yn gynnar. 10 Gwnes i deisen.

Exercise 40: 1 Pwy wnaeth y coffi? 2 Aeth neb yn gynnar. 3 Ddaeth
Alun ddim. 4 Wnaethoch chi'r cinio? 5 Beth wnaeth e? 6 Gawsoch
chi ddigon? 7 Aethon ni ddim i'r dref ddoe. 8 Ddaethoch chi ar y
trên? 9 Wnes i ddim byd. 10 Ddaethon nhw ddim ar y trên.

Exercise 41: 1 Aeth hi â'r llyfr adref. 2 Mae Gwyn yn mynd i ddod â
chrynoddisgiau. 3 Dw i'n cymryd fitaminau bod dydd. 4 Roedden
ni'n mynd i fynd â recordiau. 5 Daeth y plant â blodau. 6 Aethon nhw
â'r plant i'r ysgol.

Exercise 42: 1 Rhaid i mi fynd. 2 Does dim rhaid i chi siarad.
3 Rhaid iddo fe beidio yfed gormod. 4 Roedd rhaid i ni fod yn ôl erbyn
hanner awr wedi naw. 5 Rhaid i chi beidio smocio. 6 Rhaid i'r plant
wneud eu gwaith cartref. 7 Rhaid eu bod nhw wedi clywed erbyn hyn.
8 Rhaid iddi hi orffen cyn bo hir. 9 Rhaid i chi yrru'n ofalus.
10 Rhaid diffodd y golau.

Exercise 43: 1 Es i adref cyn i mi ddod yma. 2 Beth wnaethoch chi ar
ôl i chi fynd? 3 Mae'n well iddi hi gofio. 4 Siaradodd e ddim yn uchel
rhag ofn i rywun glywed. 5 Mae'n well iddyn nhw beidio dod yn ôl.
6 Arhoson ni hyd nes iddyn nhw gyrraedd. 7 Aethon nhw cyn i'r
plisman ddod. 8 Rhaid i ni orffen cyn i ni adael.

Exercise 44: 1 y pumed ar hugain o fis Ionawr. 2 y pedwerydd ar
ddeg o fis Chwefror. 3 y cyntaf o fis Mawrth. 4 yr unfed ar hugain o
fis Mawrth. 5 y pedwerydd o fis Gorffennaf. 6 yr unfed ar bymtheg o
fis Medi. 7 y degfed ar hugain o fis Hydref. 8 y pumed o fis
Tachwedd. 9 y chweched ar hugain o fis Rhagfyr. 10 yr unfed ar ddeg
ar hugain o fis Rhagfyr.

LESSON 8

Exercise 45: 1 Bydda i'n mynd yfory. 2 Fyddwch chi yna heno?

3 Fydd Mair ddim yn ôl cyn hanner awr wedi deg. 4 Bydd y plant yn dda. 5 Fydd hi ddim yn heulog yfory. 6 Beth fydd yn digwydd nesaf? 7 Byddan nhw'n cyrraedd tua chwech. 8 Ble byddi di'n aros? 9 Am faint o'r gloch bydd y gêm yn dechrau? 10 Os bydd hi'n braf yr wythnos nesaf bydd y plant yn hapus.

Exercise 46: 1 Ble cawsoch chi eich geni? 2 Ces i fy ngeni yn Ne Cymru. 3 Chafodd y car ddim o'i atgyweirio. 4 Pryd cafodd y nofel ei hysgrifennu? 5 Cafodd y tŷ ei godi. 6 Chawson nhw ddim o'u talu. 7 Cafodd y ffenestr ei hagor. 8 Cafodd y drws ei gau. 9 Chafodd y fusnes ddim o'i gwerthu. 10 Gafodd y bwyd ei fwyta?

Exercise 47: 1 Mae eisiau pensil arno i. 2 Mae eisiau beiro arno i. 3 Mae eisiau rwber arni hi. 4 Mae eisiau papur ysgrifennu arni hi. 5 Mae eisiau amlenni arnyn nhw. 6 Mae eisiau matsis arnyn nhw. 7 Mae eisiau rhagor o arian arnyn nhw.

Exercise 48: 1 Mae eisiau bwyd arnoch chi. 2 Mae hiraeth arni hi. 3 Mae clefyd y gwair arno fe. 4 Mae ofn arnoch chi. 5 Mae syched arnoch chi. 6 Mae'r ddannodd arnoch chi.

Exercise 49: 1 Nac oes, mae llawer o esgidiau gyda fi. 2 Nac oes, mae llawer o gotiau gyda fe. 3 Nac oes, mae llawer o hetiau gyda hi. 4 Nac oes, mae llawer o siwmperi gyda Siôn. 5 Nac oes, mae llawer o watsis gyda fi.

LESSON 9

Exercise 50: 1 Gwela i chi yfory. 2 Beth alla i ei wneud? 3 Fydd Dr Jones yn galw? 4 Darllena i'r adroddiad. 5 Allan nhw helpu? 6 Fydd hi'n gwerthu'r tŷ? 7 Pwy welwn ni nesaf? 8 Gymerwch chi un arall? 9 Fydd Arthur yn mynd i'r gêm heno? 10 Cytunwn ni i anghytuno.

Exercise 51: 1 peidiwch, paid. 2 cerwch, cer (SW); ewch, dos (NW). 3 eisteddwch, eistedd. 4 galwch, galw. 5 edrychwch, edrych. 6 ysgrifennwch, ysgrifenna. 7 meddyliwch, meddylia. 8 codwch, cwyd. 9 darllenwch, darllen . 10 dewch, dere (SW); dowch, tyrd (NW). 11 gweithiwch, gweithia. 12 dihunwch, dihuna (SW); deffrowch, deffra (NW). 13 ffoniwch, ffonia. 14 safwch, saf. 15 stopiwch, stopia.

Exercise 52: 1 Dyna'r bachgen **a** enillodd y ras. 2 Dyna'r cwch **y** buon ni'n hwylio ynddo fe. 3 Gwelais y teulu **y** mae eu mab yn y coleg. 4 Dyma'r ferch **sy**'n mynd i'r coleg. 5 Dacw'r dyn **a g**afodd ei eni yng Nghaerdydd. 6 Ble mae'r tîm **a g**ollodd y gêm. 7 Dyna'r flwyddyn **y** daethon ni yma i fyw. 8 Dyma'r post **a dd**aeth y bore 'ma. 9 Cwrddais i â'r ysgrifennwr **y** cafodd ei nofel ei chyhoeddi. 10 Dyna'r lori **y** daeth y glo arni hi.

Exercise 53: 1 Dyna'r tîm a enillodd y gêm. 2 Ble mae'r teulu y mae eu mab yng ngholeg Caerdydd? 3 Gwelais i'r cwch a gollodd y ras.

4 Dyna'r bachgen a gafodd ei eni yn Llanelli. 5 Dyna'r dyn sy'n gweithio yn y banc.

Exercise 54: 1 Pwy yw Mair? 2 Pwy y mae Mair yn ei edmygu? 3 Beth yw Siôn? 4 Beth y mae Siôn yn ei wneud? 5 Beth dyn nhw? 6 Beth y maen nhw'n ei wneud? 7 Pwy yw hi? 8 Pwy y mae hi'n ei gasáu? 9 Pwy yw'r doctor? 10 Pwy y mae'r doctor yn ei drin?

Exercise 55: 1 Ydych chi'n mynd i'r Unol Daleithiau ar eich gwyliau? Nac ydyn, dyn ni'n mynd i Ganada. 2 Ydych chi'n mynd i Awstria ar eich gwyliau? Nac ydyn, dyn ni'n mynd i'r Swistir. 3 Ydych chi'n mynd i Wlad Groeg ar eich gwyliau? Nac ydyn, dyn ni'n mynd i Dwrci. 4 Ydych chi'n mynd i Wlad yr Iâ ar eich gwyliau? Nac ydyn, dyn ni'n mynd i Norwy. 5 Ydych chi'n mynd i Iwerddon ar eich gwyliau? Nac ydyn, dyn ni'n mynd i'r Alban. 6 Ydych chi'n mynd i Awstralia ar eich gwyliau? Nac ydyn, dyn ni'n mynd i Seland Newydd. 7 Ydych chi'n mynd i'r Iseldiroedd ar eich gwyliau? Nac ydyn, dyn ni'n mynd i Lydaw. 8 Ydych chi'n mynd i Ffrainc ar eich gwyliau? Nac ydyn, dyn ni'n mynd i'r Almaen.

LESSON 10

Exercise 56: 1 Af fi cyn bo hir. 2 Ddôn nhw ddim nawr. 3 Caiff hi syndod. 4 Wnaiff e ddim byd. 5 Daw'r llythyr yn y bore. 6 Aiff y plant i'r ysgol. 7 Ân nhw ddim yn ôl. 8 Daw llawer o bobl yfory.

Exercise 57: 1 Wnewch chi agor y drws? Gwnaf, agora i'r drws. 2 Wnewch chi estyn y papur? Gwnaf, estynna i'r papur. 3 Wnewch chi olchi'r llestri? Gwnaf, golcha i'r llestri. 4 Wnewch chi gynnau'r golau? Gwnaf, cynheua i'r golau. 5 Wnewch chi ddod yma? Gwnaf, dof fi yna. 6 Wnewch chi droi'r sŵn i lawr? Gwnaf, troia i'r sŵn i lawr.

Exercise 58: 1 Gaf fi'r bil? 2 Gaf fi beint o laeth? 3 Gaf fi ragor o hufen? 4 Gaf fi dorth o fara? 5 Gaf fi focs o fatsis? 6 Gaf fi hanner peint o gwrw? 7 Gaf fi ragor o amser? 8 Gaf fi bwys o datws?

Exercise 59: 1 Dwedais i **wrthyn** nhw. 2 Ysgrifenna i **ato** fe. 3 Bydd hi'n ddiflas **hebddoch** chi. 4 Cawson ni lythyr **oddi wrthi** hi. 5 Dyna'r gwesty y buon ni'n aros **ynddo** fe. 6 Does dim llawer **ohonyn** nhw ar ôl. 7 Dacw'r twnnel y mae llawer o drenau yn mynd **trwyddo** fe. 8 Dw i ddim wedi clywed **amdanyn** nhw. 9 Does dim Cymraeg **rhyngddon** ni. 10 Dwedwch **wrthi** hi.

Exercise 60: 1 Dwedais i wrthoch chi. 2 Cawson ni lythyr oddi wrtho fe. 3 Bydd hi'n ddiflas hebddot ti. 4 Dw i ddim wedi clywed amdano fe. 5 Does dim Cymraeg rhyngddyn nhw. 6 Does dim llawer ohonon ni ar ôl. 7 Ysgrifennith hi atoch chi. 8 Dwedwch wrthyn nhw am frysio.

LESSON 11

Exercise 61: 1 Hoffwn, hoffwn i fynd. Na hoffwn, hoffwn i ddim mynd. 2 Dylech, dylech chi ffonio. Na ddylech, ddylech chi ddim ffonio. 3 Gallech, gallech chi ddod. Na allech, allech chi ddim dod. 4 Licien, licien nhw weld. Na licien, licien nhw ddim gweld. 5 Dylai, dylai fe yfed a gyrru. Na ddylai, ddylai fe ddim yfed a gyrru. 6 Gallai, gallai Alun gasglu'r tocynnau. Na allai, allai Alun ddim casglu'r tocynnau.

Exercise 62: 1 Hoffwn, hoffwn i fod wedi mynd. Na hoffwn, hoffwn i ddim bod wedi mynd. 2 Dylech, dylech chi fod wedi ffonio. Na ddylech, ddylech chi ddim bod wedi ffonio. 3 Gallech, gallech chi fod wedi dod. Na allech, allech chi ddim bod wedi dod. 4 Licien, licien nhw fod wedi gweld. Na licien, licien nhw ddim bod wedi gweld. 5 Dylai, dylai fe fod wedi yfed a gyrru. Na ddylai, ddylai fe ddim bod wedi yfed a gyrru. 6 Gallai, gallai Alun fod wedi casglu'r tocynnau. Na allai, allai Alun ddim bod wedi casglu'r tocynnau.

Exercise 63: 1 Gallwn i fynd. 2 Dylech chi ffonio. 3 Liciwn i fynd. 4 Ddylen nhw yfed a gyrru? 5 Dylai hi fod wedi dweud. 6 Dylech chi fod wedi aros. 7 Gallech chi fod wedi gwrthod. 8 Hoffen nhw weld. 9 Ddylwn i fod wedi ffonio? 10 Hoffech chi fod wedi mynd?

Exercise 64: 1 Petawn i'n gyfoethog, byddwn i'n teithio o gwmpas y byd. 2 Petawn i ddim yn teithio, byddwn i'n arlunio. 3 Petai hi'n bwrw glaw yfory, byddwn i'n aros yn y tŷ. 4 Petai hi'n bwrw glaw, byddai Gareth yn mynd i'r dafarn. 5 Bydden nhw'n edrych ar y teledu. 6 Petai hi'n braf, byddwn i'n mynd am dro.

Exercise 65: 1 Byddwn i'n mynd, petawn i'n gallu. 2 Beth fyddet ti'n ei wneud? 3 Pwy fyddai'n meddwl hynny? 4 Fyddwn i ddim yn cyrraedd yn hwyr. 5 Petawn i yn eich lle chi. 6 Byddai hi'n galw, petai hi'n gallu. 7 Pwy fyddai'r gorau? 8 Bydden ni'n ddiolchgar. 9 Fyddwn i ddim moyn bod yn ei esgidiau e. 10 Beth fyddai eich tad yn ei wneud?

LESSON 12

Exercise 66: 1 Roedd hi'n meddwl ei bod hi'n unig. 2 "Dw i'n unig", meddai hi. 3 Dwedon nhw eu bod nhw'n sâl. 4 "Dyn ni'n sâl", medden nhw. 5 Dwedodd Huw ei bod hi'n amser cinio. 6 "Mae'n amser cinio", meddai Huw. 7 Dwedais i fy mod i'n meddwl mai chi oedd e. 8 "Roeddwn i'n meddwl mai chi oedd e", meddwn i. 9 Dwedon ni ei bod hi'n amser i ni fynd. 10 "Mae'n amser i ni fynd", medden ni.

Exercise 67: 1 Pwy sydd biau'r esgidiau yma? Aled sydd biau nhw. 2 Pwy sydd biau'r got yma? Ann sydd biau hi. 3 Pwy sydd biau'r beic

yma? Ni sydd biau fe.   4 Pwy sydd biau'r car yma? Nhad sydd biau fe.
5 Pwy sydd biau'r raced yma? Fi sydd biau hi.   6 Pwy sydd biau'r peli
yma? Nhw sydd biau nhw.   7 Pwy sydd biau'r tei yma? Nhad-cu sydd
biau fe.   8 Pwy sydd biau'r sbectol yma? Chi sydd biau hi.   9 Pwy sydd
biau'r grib yma. Fe sydd biau hi.   10 Pwy sydd biau'r ci yma? Hi sydd
biau fe.

Exercise 68: 1 Codwyd y tŷ.   2 Cynhelir cyngerdd.   3 Na phoener.
4 Ni chaniateir canfasio.   5 Ganwyd fy nhad yn Aberystwyth.
6 Daethpwyd o hyd i gorff.   7 Aethpwyd â Siôn i'r ysbyty.   8 Trafodwyd
y mater.   9 Na nofier.   10 Dylid gwybod yn well.

Exercise 69: a) dwy flynedd.   b) un mlynedd ar ddeg/un deg un
mlynedd.   c) wyth mlynedd.   d) ugain mlynedd/dau ddeg mlynedd.
e) tair blynedd.   f) dwy flynedd ar bymtheg/ un deg saith mlynedd.
g) chwe blynedd.   h) un mlynedd ar bymtheg ar hugain/ tri deg chwe
blynedd.   i) hanner can mlynedd/pum deg mlynedd.   j) deunaw
mlynedd/un deg wyth mlynedd.   k) pedair blynedd ar bymtheg/un deg
naw mlynedd.   l) un mlynedd ar hugain/dau ddeg un mlynedd.

Exercise 70: 1 Dw i **byth** yn edrych ar snwcer ar y teledu.   2 Doedd
Carys **erioed** wedi bod yn Llydaw. 3 Allwn i **byth** bwyta malwod!
4 Mae Morus wedi byw yn yr un tŷ **erioed**.   5 Os **byth** af fi i Baris,
rhaid i mi fynd i'r Louvre.   6 Doedd Lerpwl **byth** yn colli pan oedd
Kenny Dalglish yn rheolwr.   7 Fyddwn i **byth** yn prynu dim byd fel 'na.
8 Fydd Dafydd **byth** wedi gorffen mewn pryd.

Mini-dictionary

Welsh-English

a (*cnj*) (AM) and
â (*prp*) (AM) with
acen (*f*) accent, **acenion** (*pl*)
achau (*pl*) family tree
achos (*cnj*) because
adeilad (*m*) building, **adeiladau** (*pl*)
adnabod (*vb*) know (a person, place)
  (*periph*)
adran (*f*) department, **adrannau** (*pl*)
adref (*ad*) home(wards)
adroddiad (*m*) report,
  adroddiadau (*pl*)
addas (*adj*) suitable
aelod (*m*) member, **aelodau** (*pl*)
  aelod seneddol member of
  parliament
afal (*f*) apple, **afalau** (*pl*)
agor (*vb*) open, **agor-** (*stem*)
agwedd (*f*) attitude, **agweddau** (*pl*)
angel (*m*) angel, **angylion** (**pl**)
anghofio (*vb*) forget, **anghofi-** (*stem*)
anghytuno (*vb*) disagree,
  anghytun- (*stem*)
angylaidd (*adj*) angelic
allan (*ad*) out (NW)
am (*prp*) (SM) for, because
  am byth (*ad*) forever
ambell (*adj*) occasional
  ambell waith (*ad*) occasionally
amgylchedd (*m*) environment
amlen (*f*) envelope, **amlenni** (*pl*)
amser (*m*) time, **amserau** (*pl*)
anafu (*vb*) injure, **anaf-** (*stem*)
annwyd (*m*) cold
annymunol (*adj*) unpleasant
apelio (*vb*) appeal, **apeli-** (*stem*)
ar (*prp*) (SM) on
  ar bwys (*prp*) near
  ar draws (*prp*) across
  ar ei ben exactly
  ar ei ben ei hunan on his own
  ar gyfer (*prp*) for
  ar hyn o bryd (*ad*) at the moment
  ar ôl left, remaining (*ad*); after (*cjn*)
  ar y cŷd jointly

ar y chwith on the left
ar y dde on the right
araf (*adj*) slow
archfarchnad (*f*) supermarket,
  hypermarket,
  archfarchnadoedd (*pl*)
ardal (*f*) district, region,
  ardaloedd (*pl*)
arestio (*vb*) arrest, **aresti-** (*stem*)
arfer (*vb*) to use (*periph*)
arffed (*f*) lap, **arffedau** (*pl*)
arholiad (*m*) examination,
  arholiadau (*pl*)
arian (*pl*) money
arlunio (*vb*) paint pictures,
  arluni- (*stem*)
aros (*vb*) stay, wait, **arhos-** (*stem*)
arth (*m*) bear, **eirth** (*pl*)
at (*prp*) to, towards
atgyweirio (*vb*) repair,
  atgyweiri- (*stem*)
athrawes (*f*) teacher, **athrawesau** (*pl*)
athro (*m*) teacher, **athrawon** (*pl*)
awr (*f*) hour, **oriau** (*pl*)
awyrgylch (*m*) atmosphere

bach (*adj*) small
bachgen (*m*) boy, **bechgyn** (*pl*)
bai (*m*) fault, **beiau** (*pl*)
balch (*adj*) glad, proud
banana (*m*) banana, **bananas** (*pl*)
bara (*m*) bread
bardd (*m*) bard, poet, **beirdd** (*pl*)
beic (*m*) bike, **beiciau** (*pl*)
beirniad (*m*) adjudicator,
  beirniaid (*pl*)
beiro (*m*) biro, **beiros** (*pl*)
bendigedig (*adj*) splendid
beth (*pn*) (SM) what
bil (*m*) bill, **biliau** (*pl*)
bisgïen (*f*) biscuit, **bisgedi** (*pl*)
blaen (*m*) front, **blaenau** (*pl*)
ble (*ad*) where
blinderus (*adj*) tiresome
blinedig (*adj*) tired

blodyn (*m*) flower, **blodau** (*pl*)
blwydd (*f*) year (with age)
blwyddyn (*f*) year, **blynyddoedd** (*pl*)
blynedd (*pl*) years (after numerals)
bob bore (*ad*) every morning
bob dydd (*ad*) everyday
bocs (*m*) box, **bocsys** (*pl*)
bod (*vb*) be (*irreg*)
boneddiges (*f*) gentlewoman,
    boneddigesau (*pl*)
bonheddwr (*m*) gentleman,
    bonheddwyr (*pl*)
bord (*f*) table, **bordydd** (*pl*)
bore (*m*) morning, **boreau** (*pl*)
braf (*adj*) fine
brawd (*m*) brother, **brodyr** (*pl*)
brecwast (*m*) breakfast,
    brecwastau (*pl*)
brech (*f*) pox; vaccination
    brech goch measles
    brech yr ieir chicken pox
breuddwydio (*vb*) dream,
    breuddwydi- (*stem*)
briwsion (*pl*) crumbs
brwydr (*f*) battle, **brwydrau** (*pl*)
brwydro (*vb*) battle, **brwydr-** (*stem*)
busnes (*m*) business, **busnesau** (*pl*)
buwch (*f*) cow, **buchod** (*pl*)
bwletin (*m*) bulletin, **bwletinau** (*pl*)
bwriadu (*vb*) intend, **bwriad-** (*stem*)
bwrw (*vb*) hit, **bwrw-** (*stem*)
    bwrw cesair hail (*vb*)
    bwrw eira snow (*vb*)
    bwrw eirlaw sleet (*vb*)
    bwrw (glaw) rain (*vb*)
bws (*m*) bus, **bysiau** (*pl*)
bwyd (*m*) food
bwyta (*vb*) eat, **bwyt-** (*stem*)
byd (*m*) world
byddar (*adj*) deaf
byddin (*f*) army, **byddinoedd** (*pl*)
byr (*adj*) short
byth (*ad*) ever; never; even
byw (*vb*) live (*periph*)

cadair (*f*) chair, **cadeiriau** (*pl*)
cadeirio (*v*) chair
cadw (*vb*) keep, **cadw-** (*stem*)
cae (*m*) field, **caeau**
cael (*vb*) get; have; obtain (*irreg*)

cais (*m*) application; try (rugby),
    ceisiadau (*pl*)
campus (*adj*) splendid
cân (*f*) song, **caneuon** (*pl*)
caniatáu (*vb*) allow, permit,
    caniata- (*stem*)
canlyniad (*m*) result,
    canlyniadau (*pl*)
canmol (*vb*) praise, **canmol-** (*stem*)
canmoliaeth (*f*) praise
canu (*vb*) sing; ring, **can-** (*stem*)
car (*m*) car, **ceir** (*pl*)
carafán (*f*) caravan, **carafannau** (*pl*)
caredig (*adj*) kind
cariad (*m*) love, sweetheart,
    cariadon (*pl*)
cario (*vb*) carry, **cari-** (*stem*)
carped (*m*) carpet, **carpedi** (*pl*)
carreg (*f*) stone, **cerrig** (*pl*)
caru (*vb*) love; like, **car-** (*stem*)
cas (*m*) case, **casys** (*pl*)
    cas llyfrau bookcase
casáu (*vb*) hate (*periph*)
caseg (*f*) mare, **cesyg**
casglu (*vb*) collect, **casgl-** (*stem*)
cath (*f*) cat, **cathod** (*pl*)
cau (*vb*) shut, **cae-** (*stem*)
cawod (*f*) shower, **cawodydd** (*pl*)
cefnogi (*vb*) support, **cefnog-** (*stem*)
ceffyl (*m*) horse, **ceffylau** (*pl*)
ceiniog (*f*) penny, **ceiniogau** (*pl*)
ceisio (*vb*) try, **ceisi-** (*stem*)
cenedlaethol (*adj*) national
cerdded (*vb*) walk, stroll,
    cerdd- (*stem*)
cert (*m*) cart, **certi** (*pl*)
cesair (*m*) hail(stones)
ci (*m*) dog, **cŵn** (*p*)
cigydd (*m*) butcher, **cigyddion** (*pl*)
cinio (*m*) dinner, lunch
clefyd (*m*) fever, **clefydau** (*pl*)
    clefyd y gwair (*m*) hay fever
clirio (*vb*) become clear, **cliri-** (*stem*)
cloff (*adj*) lame
cloi (*vb*) lock, **cloi-** (*stem*)
clonc (*f*) chat
cloncian (*vb*) chat, **clonci-** (*stem*)
clòs (*adv*) close (weather)
clos (*m*) farmyard, **closydd** (*pl*)
clwb (*m*) club, **clybiau** (*pl*)

clywed (*vb*) hear, **clyw-** (*stem*)

codi (*vb*) get up; build; lift; raise,
   cod- (*stem*)
   codi tocyn buy a ticket

coes (*f*) leg, **coesau** (*pl*)

cofio (*vb*) remember, **cofi-** (*stem*)

coffi (*m*) coffee

colli (*vb*) lose; spill, **coll-** (*pl*)

copi (*m*) copy, **copïau** (*pl*)

corff (*m*) body, **cyrff** (*pl*)

coron (*m*) crown, **coronau** (*pl*)

coroni (*vb*) crown, **coron-** (*stem*)

corrach (*m*) dwarf, **corachod** (*pl*)

cot (*f*) coat, **cotiau** (*pl*)

cownter (*m*) counter, **cownteri** (*pl*)

crac (*adj*) angry

credu (*vb*) believe

crib (*f*) comb, **cribau** (*pl*)

croesfan (*f*) pedestrian crossing,
   croesfannau (*pl*)

croeso (*m*) welcome

crych (*m*) wrinkle, **crychau** (*pl*)

crychu (*vb*) wrinkle, **crych-** (*stem*)

cryf (*adj*) strong

crynoddisg (*m*) compact disk (CD),
   crynoddisgiau (*pl*)

curo (*vb*) beat, **cur-** (*stem*)

cwch (*m*) boat, **cychod** (*pl*)

cwmni (*m*) company, **cwmnïau** (*pl*)

cwpan (*m*) cup, **cwpanau** (*pl*)

cwpanaid (*m*) cupful, **cwpaneidi** (*pl*)

cwrdd (**â**) (*vb*) meet (with);
   (**tŷ**) **cwrdd** (*m*) meeting house,
   chapel, non-conformist church,
   tai cwrdd (*pl*)

cwrw (*m*) beer

cwyn (*f*) complaint, **cwynion** (*pl*)

cydnabod (*vb*) acknowledge (*periph*)

cyfarwyddyd (*m*) directions,
   instruction

cyfle (*m*) opportunity, **cyfleon** (*pl*)

cyflwr (*m*) state, condition,
   cyflyrau (*pl*)

cyflym (*adj*) fast, quick

cyfoethog (*adj*) rich, **cyfoethogion** (*pl*)

cyffrous (*adj*) exciting

cyngerdd (*f*) concert,
   cyngherddau (*pl*)

cyngor (*m*) council, **cynghorau** (*pl*);
   advice, **cynghorion** (*pl*)

cyhoedd (*m*) public

cyhoeddi (*vb*) announce; publish,
   cyhoedd- (*stem*)

cyhoeddus (*adj*) public

cyllell (*f*) knife, **cyllyll** (*pl*)

cymdeithas (*f*) society,
   cymdeithasau (*pl*)

Cymraeg Welsh (language) (*m, f*)

Cymraes (*f*) Welshwoman,
   Cymraesau (*pl*)

Cymreig (*adj*) Welsh

Cymro (*m*) Welshman, **Cymry** (*pl*)

Cymru (*f*) Wales

Cymry (*pl*) Welsh people

cymryd (*vb*) take (medicine etc),
   cymer- (*stem*)

cymwys (*adj*) eligible

cymylog (*adj*) cloudy

cyn (*prp*) before
   cyn bo hir before long

cynllun (*m*) scheme; plan,
   cynlluniau (*pl*)

cynnar (*adj*) early

cynnau (*vb*) light (fire); switch on
   (light), **cynheu-** (*stem*)

cynnig (*m*) attempt, **cynigion** (*pl*)

cyrraedd (*vb*) arrive; reach,
   cyrhaedd- (*stem*)

cysgu (*vb*) sleep, **cysg-** (*stem*)

cystadlu (*vb*) compete,
   cystadleu- (*stem*)

cytûn (*adj*) agreed

cytuno (**â**) (*vb*) agree (with),
   cytun- (*stem*)

cywilydd (*m*) shame

chi (*pn*) you (*formal*) (*pl*)

chwaer (*f*) sister, **chwiorydd** (*pl*)

chwalu (*vb*) demolish; scatter,
   chwal- (*stem*)

chwant (*m*) desire

chwarae (*vb*) play, **chwarae-** (*stem*)

chwech (*adj*) six

chwerw (*adj*) bitter

chwilio (**am**) (*vb*) look, search (for),
   chwili- (*stem*)

da (*adj*) good

dacw (*ad*) (SM) yonder is/are

dal (*vb*) catch, **dali-** (*stem*)

dall (*adj*) blind, **deillion** (*pl*)
damwain (*f*) accident,
   damweiniau (*pl*)
dan (*prp*) (SM) under
dannodd (*f*) toothache
darllen (*vb*) read, **darllen-** (*stem*)
darllenydd (*m*) reader,
   darllenwyr (*pl*)
datblygu (*vb*) develop,
   datblyg- (*stem*)
dau (*adj*) (SM) two (*m*)
decpunt (*f*) ten pounds (£)
deddf (*f*) act (of parliament),
   deddfau (*pl*)
deg (*adj*) ten
desg (*f*) desk, **desgiau** (*pl*)
deuddeg (*adj*) twelve
diben (*m*) purpose, point,
   dibenion (*pl*)
diddorol (*ad*) interesting.
diflas (*adj*) miserable
diffodd (*vb*) put out (fire), switch off
   (light), **diffodd-** (*stem*)
digon (*ad*) enough
digrif (*adj*) funny, amusing
digwydd (*vb*) happen,
   digwydd- (*stem*)
dihuno (*vb*) wake up, **dihun-** (*stem*)
dim (**byd**) (*m*) nothing
   dim ond only
   dim ond i ... so long as ...
dinas (*f*) city, **dinasoedd** (*pl*)
diolch (*m*) thanks
   diolch byth thank goodness
diolchgar (*adj*) grateful
disgwyl (*vb*) expect, **disgwyli-** (*stem*)
disgyn (*vb*) fall, drop, descend,
   disgynn- (*stem*)
distaw (*adj*) quiet
diwethaf (*adj*) last (previous)
diwrnod (*m*) day('s length),
   diwrnodau (*pl*)
diwydiant (*m*) industry,
   diwydiannau (*pl*)
dod (*vb*) come (*irreg*)
   dod â bring (*vb*) (*irreg*)
dodi (*vb*) put, **dod-** (*stem*)
drama (*f*) play, **dramâu** (*pl*)
drwg (*adj*) bad, naughty
drwgleicio (*vb*) dislike (*periph*)

drws (*m*) door, **drysau** (*pl*)
dur (*m*) steel
dweud (**wrth**) (*vb*) tell, say (to),
   dwed- (*stem*)
dŵr (*m*) water, **dyfroedd** (*pl*)
dwrn (*m*) fist, **dyrnau** (*pl*)
dwy (*adj*) (SM) two (*f*)
dwyn (*vb*) steal, **dyg-** (*stem*)
dyffryn (*m*) valley, **dyffrynnoedd** (*pl*)
dylanwad (*m*) influence, effect,
   dylanwadau (*pl*)
'dylu' (*vb*) should,
   dyl- (*stem*) (*defective*)
dyma (*ad*) here is/are
dymunol (*adj*) pleasant, nice
dyn (*m*) man, **dynion** (*pl*)
   dyn tân fireman
dyna (*ad*) there is/are
dysgu (*vb*) learn; teach, **dysg-** (*stem*)
dysgwr (*m*) learner, **dysgwyr** (*pl*)

ddoe (*ad*) yesterday

echdoe (*ad*) the day before yesterday
economaidd (*adj*) economic
economi (*m*) economy,
   economïau (*pl*)
ecsotig (*adj*) exotic
edmygu (*vb*) admire, **edmyg-** (*stem*)
edrych (**ar**) (*vb*) look (at),
   edrych- (*stem*)
efallai (*ad*) perhaps
eiddo (*m*) possession(s)
eira (*m*) snow
eirlaw (*m*) sleet
eisiau (*m*) need
eisoes (*ad*) already
eistedd (*vb*) sit, **eistedd-** (*stem*)
eisteddfod (*f*) eisteddfod, a Welsh
   literary and musical festival,
   eisteddfodau (*pl*)
eithaf (*ad*) quite
eleni (*ad*) this year
ennill (*vb*) win; gain, **enill-** (*stem*)
enw (*m*) name, **enwau** (*pl*)
enwog (*adj*) famous, **enwogion** (*pl*)
er (*prp*) although
   er mwyn (in order) to
erbyn (*prp*) by (time)
   erbyn hyn by now

erioed (*ad*) ever; never
ers (*prp*) since
   ers hydoedd for (since) ages
   ers hynny since then
esbonio (*vb*) to explain, **esboni-** (*stem*)
esgid (*f*) shoe, **esgidiau** (*pl*)
ewyrth (*m*) uncle, **ewyrthod** (*pl*)

faint (*ad*) how much
   faint o'r gloch (*ad*) what time
fel (*prp*) like
   fel 'na like that
fitamin (*m*) vitamin, **fitaminau** (*pl*)

ffafriol (*adj*) favourable
ffair (*f*) fair, **ffeiriau** (*pl*)
ffansïo (*vb*) fancy, **ffansi-** (*stem*)
ffenestr (*f*) window, **ffenestri** (*pl*)
ffidil (*f*) violin, **ffidilau** (*pl*)
ffilm (*f*) film, **ffilmiau** (*pl*)
ffin (*f*) border, boundary, **ffiniau** (*pl*)
ffinio (*vb*) border, **ffini-** (*stem*)
ffliw (*m*) influenza
ffôl (*adj*) foolish, silly
ffôn (*m*) telephone, **ffonau** (*pl*)
ffonio (*vb*) telephone, **ffoni-** (*stem*)
fforc (*f*) fork, **ffyrc** (*pl*)
ffordd (*f*) way; road, **ffyrdd** (*pl*)
ffotograff (m) photograph,
   ffotograffau (*pl*)

gadael (*vb*) leave, **gadaw-** (*stem*)
galw (*vb*) call, **galw-** (*stem*)
   galw heibio call by
gallu (*vb*) can, **gall-** (*stem*)
gan (*prp*) (SM) by; since (because)
gartref (*ad*) (at) home
gêm (*f*) game, **gêmau** (*pl*)
geni (*vb*) to be born, **gan-** (*stem*)
glo (*m*) coal
goblygiad (*m*) implication,
   goblygiadau (*pl*)
gofalus (*adj*) careful
golchi (*vb*) wash, **golch-** (*stem*)
golwg (*f*) sight, appearance,
   golygon (*pl*)
golygu (*vb*) mean; edit, **golyg-** (*stem*)
golygydd (*m*) editor, **golygyddion** (*pl*)
gonest (*adj*) honest
gonestrwydd (*m*) honesty

gorau (*adj*) best
gorchymyn (*m*) order,
   gorchmynion (*pl*)
gorfod (*vb*) be obliged (*periph*)
gorffen (*vb*) finish; end,
   gorfenn- (*stem*)
gormod (*ad*) too much
gorsaf (*f*) station, **gorsafoedd** (*pl*)
   gorsaf heddlu police station
gradd (*f*) degree, **graddau** (*pl*)
gresynu (*vb*) deplore, **gresyn-** (*pl*)
groser (*m*) grocer, **groseriaid** (*pl*)
grug (*m*) heather
gwahanol (*adj*) different
gwair (*m*) hay
gwaith (*m*) work, **gweithfeydd** (*pl*)
   gwaith cartref homework
gwan (*adj*) weak
gwasanaeth (*f*) service,
   gwasanaethau (*pl*)
gweddill (*m*) rest, remainder,
   gweddillion (*pl*)
gweinidog (*m*) minister,
   gweinidogion (*pl*)
gweithio (*vb*) work, **gweithi-** (*stem*)
gweithiwr (*m*) worker, **gweithwyr** (*pl*)
gweld (*vb*) see, **gwel-** (*stem*)
gwell (*adj*) better
gwên (*f*) smile, **gwenau** (*pl*)
gwers (*f*) lesson, **gwersi** (*pl*)
gwerthu (*vb*) sell, **gwerth-** (*stem*)
gwesty (*m*) hotel, **gwestai** (*pl*)
gwir (*m*) truth; (*adj*) true
gwisgo (*vb*) dress, **gwisg-** (*stem*)
gwlad (*f*) country, **gwledydd** (*pl*)
gwlyb (*adj*) wet
gwneud (*vb*) do; make (*irreg*)
gwobr (*f*) prize, **gwobrau** (*pl*)
gŵr (*m*) husband, **gwŷr** (*pl*)
gwraig (*f*) wife, **gwragedd** (*pl*)
gwrando (**ar**) (*vb*) listen (to),
   gwrandaw- (*stem*)
gwreiddiol original
gwybod (*vb*) know (a fact) (*periph*)
gwyliau (*pl*) holidays
gwylio (*vb*) to watch, **gwyli-** (*stem*)
gwyn (*adj*) white
gwyntog (*adj*) windy
gyda (*prp*) (AM) with
   gyda llaw by the way

gynnau (fach) (*ad*) just now
gyrru (*vb*) drive, gyrr- (*stem*)

haf (*m*) summer
hafflau (*f*) lap (NW)
halen (*f*) salt
hallt (*adj*) salty
hanner (*m*) half, haneri (*pl*)
hapus (*adj*) happy
haul (*m*) sun
heb (*prp*) (SM) without
heblaw (*prp*) besides
heddiw (*ad*) today
heddlu (*pl*) police
hefyd (*ad*) as well, also
hel (*vb*) collect (NW)
helaeth (*adj*) extensive, abundant
hen (*adj*) old
heno (*ad*) tonight
heol (*f*) road, heolydd (*pl*)
het (*f*) hat, hetiau (*pl*)
heulog (*adj*) sunny
hir (*adj*) long
hiraeth (*m*) homesickness, longing
hoffi (*vb*) like, hoff- (*stem*)
holi (am) (*vb*) ask (about), hol- (*stem*)
hon (*pn*) this (*f*)
honna (*pn*) that one (*f*)
honno (*pn*) that (*f*)
hufen (*f*) cream
hunan (*pn*) self, hunain (*pl*)
hunandosturi (*m*) self-pity
hwn (*pn*) this (*m*)
hwnna (*pn*) that one (*m*)
hwnnw (*pn*) that (*m*)
hwyl (*f*) sail, hwyliau (*pl*)
hwyrach (*ad*) perhaps (NW)
hyfryd (*adj*) pleasant, nice
hyn (*pn*) this (*abstract*)
hynny (*pn*) that (*abstract*)

i (*prp*) (SM) to (a place)
    i fod supposed to be
    i gyd all
    i mewn in (*ad*)
    i mewn i (SM) into (*prp*)
iachus (*adj*) healthy
iaith (*f*) language, ieithoedd (*pl*)
iâr (*f*) hen, ieir (*pl*)
iawn (*adj*) right, correct

ifanc (*adj*) young, ifainc (*pl*)

jiráff (*m*) giraffe, jiraffod (*pl*)
jwg (*f*) jug, jygiau (*pl*)

licio (*vb*) like, lici- (*stem*)
lili (*f*) lily
    lili'r dyffryn lily of the valley
lori (*f*) lorry, lorïau (*pl*)
lwc (*f*) luck
lwcus (*adj*) lucky

lladd (*vb*) kill, lladd- (*stem*)
llaeth (*m*) milk
llais (*m*) voice, lleisiau (*pl*)
llanc (*m*) youth, lad, llanciau (*pl*)
llaw (*f*) hand, dwylo (*pl*)
llawer (o) (*m*) a lot (of)
lle (*m*) place, llefydd (*pl*)
llefarydd (*m*) spokesperson,
    llefarwyr (*pl*)
llenyddiaeth (*f*) literature,
    llenyddiaethau (*pl*)
llenyddol (*adj*) literary
lleol (*adj*) local
lles (*m*) benefit
llestri (*pl*) dishes
lleuad (*f*) moon
llew (*m*) lion, llewod (*pl*)
llo (*m*) calf, lloi (*pl*)
llofft (*f*) bedroom, llofftydd (*pl*)
llun (*m*) picture, lluniau (*pl*)
llwch (*m*) dust
llwy (*f*) spoon, llwyau (*pl*)
llwyddo (*vb*) succeed, llwydd- (*stem*)
llyfr (*m*) book, llyfrau (*pl*)
llyffant (*m*) toad, llyffantod (*pl*)
llygad (*f*) eye, llygaid (*pl*)
llynedd (*ad*) last year
llythyr (*m*) letter, llythyron (*pl*)

mab (*m*) son, meibion (*pl*)
maes (*m*) field (as in Maes yr
    Eisteddfod 'Eisteddfod Field'),
    meysydd (*pl*)
malwoden (*f*) snail, malwod (*pl*)
mam (*f*) mother, mamau (*pl*)
mam-gu (*f*) (SW) grandmother,
    mamau-cu (*pl*)
maneg (*f*) glove; mitten, menig (*pl*)

mantais (*f*) advantage, **manteision** (*pl*)
marchnad (*f*) market,
    marchnadoedd (*pl*)
ma's (*ad*) out
matsen (*f*) match(stick), **matsis** (*pl*)
mawr (*adj*) big, **mawrion** (*pl*)
meddwl (*vb*) think, **meddyli-** (*stem*)
melyn (*adj*) yellow, **melen** (*f*)
menyw (*f*) woman, **menywod** (*pl*)
merch (*f*) girl; daughter, **merched** (*pl*)
mewn (*prp*) in (a)
    mewn pryd in time
milltir (*f*) mile, **milltiroedd** (*pl*)
miniog (*adj*) sharp
modryb (*f*) aunt, **modrybedd** (*pl*)
moddion (*pl*) medicine
moliant (*m*) praise
môr (*m*) sea, **moroedd** (*pl*)
moyn (*vb*) to want (*periph*)
munud (*f*) minute, **munudau** (*pl*)
mwmian (*vb*) hum, **mwmi-** (*stem*)
myfyriwr (*m*) student, **myfyrwyr** (*pl*)
myfyrwraig (*f*) student,
    myfyrwragedd (*pl*)
mynd (*vb*) go (*irreg*)
    mynd â (*vb*) take (*irreg*)
    mynd am dro go for a walk

nain (*f*) (NW) grandmother,
    neiniau (*pl*)
naw (*adj*) nine
nawr (*ad*) now
neges (*f*) message, **negeseuon** (*pl*)
neidio (*vb*) jump, **neidi-** (*stem*)
neithiwr (*ad*) last night
nerth (*m*) strength
nesaf (*ad*) next
neu (*cnj*) (SM) or
newyddion (*pl*) news
nifer (*f*) number
niwlog (*adj*) foggy, misty
nofel (*f*) novel, **nofelau** (*pl*)
nofio (*vb*) swim, **nofi-** (*stem*)
noson (*f*) evening, **nosweithiau** (*pl*)
nwyddau (*pl*) goods

o (*prp*) (SM) from, of
    o amgylch, o gwmpas (*prp*)
    around
    oddi wrth (SM) from (a person)

o flaen (*prp*) in front of
o hyd (*ad*) still; all the time
oed (*m*) age
oer (*adj*) cold
ofn (*m*) fear, **ofnau** (*pl*)
oherwydd (*cnj*) because
os (*cnj*) if

pabell (*f*) tent, **pebyll** (*pl*)
pafiliwn (*m*) pavilion
pam (*ad*) why
pan (*cnj*) (SM) when
papur (*m*) paper, **papurau** (*pl*)
parcio (*vb*) park, **parci-** (*pl*)
parchedig (*adj*) reverend
pasio (*vb*) pass, **pasi-** (*stem*)
pawb (*pn*) everyone
pe (*cjn*) if
pecyn (*m*) package, **pecynnau** (*pl*)
pedair (*adj*) four (*f*)
pedwar (*adj*) four (*m*)
peidio (*vb*) don't, **peidi-** (*stem*)
peint (*m*) pint, **peintiau** (*pl*)
peintio (*vb*) paint, **peinti-** (*stem*)
pêl (*f*) ball, **peli** (*pl*)
pen (*m*) head; end, **pennau** (*pl*)
penderfyniad (*m*) decision,
    penderfyniadau (*pl*)
penderfynol (*o*) (*adj*) determined (to)
penderfynu (*vb*) decide,
    penderfyn- (*stem*)
pensil pencil, **pensiliau** (*pl*)
pentref (*m*) village, **pentrefi** (*pl*)
pentwr (*m*) heap, pile
pentyrru (*vb*) heap, pile,
    pentyrr- (*stem*)
personol (*adj*) personal
perswadio (*vb*) persuade,
    perswadi- (*stem*)
pert (*adj*) pretty
perygl (*m*) danger, **peryglon** (*pl*)
peth (*m*) thing, **pethau** (*pl*)
piau (*vb*) to own
pin (*m*) pin, **pinnau** (*pl*)
platfform (*m*) platform (railway
    station), **platfformau** (*pl*)
pleser (*m*) pleasure, **pleserau** (*pl*)
plisman (*m*) policeman, **plismyn** (*pl*)
plismones (*f*) policewoman,
    plismonesau (*pl*)

pobl (*f*) people, **pobloedd** (*pl*)
poeni (*vb*) worry; bother, **poen-** (*pl*)
pont (*f*) bridge, **pontydd** (*pl*)
porthladd (*m*) port,
   porthladdoedd (*pl*)
post (*m*) post, mail
postyn (*m*) post (rugby etc), **pyst** (*pl*)
potel (*f*) bottle, **poteli** (*pl*)
presennol (*adj*) present
prin (*adj*) scarce, short (when
   describing money)
priod (*adj*) married; proper
priodi (**â**) (*vb*) marry, **priod-** (*pl*)
problem (*f*) problem, **problemau** (*pl*)
protestio (*vb*) protest, **protesti-** (*stem*)
pryd (*m*) time, **prydiau** (*pl*); (*ad*)
   when
prydlon (*adj*) punctual
prynhawn (*m*) afternoon,
   prynhawniau (*pl*)
prynu (*vb*) buy, **pryn-** (*pl*)
prysur (*adj*) busy
pump (*adj*) five
punt (*f*) pound (£), **punnoedd** (*pl*)
pupur (*m*) pepper
pwdu (*vb*) sulk, **pwd-** (*stem*)
pwy (*pn*) who
pwys (*f*) pound (lb), **pwysi** (*pl*)
pwysau (*pl*) weight

raced (*f*) (tennis) racket, **racedi** (*pl*)
ras (*f*) race, **rasys** (*pl*)
record (*f*) record, **recordiau** (*pl*)
rwber (*m*) rubber
rygbi (*m*) rugby

rhad (*adj*) cheap
rhaff (*f*) rope, **rhaffau** (*pl*)
rhagor (*ad*) more
rhaid (*m*) necessity
rhannu (**â**) (*vb*) to share (with),
   rhann- (*stem*)
rhaw (*f*) spade; shovel, **rhawiau** (*pl*)
rhedeg (*vb*) run, **rhed-** (*stem*)
rheilffordd (*f*) railway,
   rheilffyrdd (*pl*)
rheina (*pn*) those
rheolwr (*m*) manager, **rheolwyr** (*pl*)
rhew (*m*) frost
rhifyn (*m*) edition, **rhifynnau** (*pl*)

rhiw (*f*) hill, **rhiwiau** (*pl*)
rhoi (*vb*) give, **rhoi-** (*stem*)
rhosyn (*m*) rose, **rhosynnau** (*pl*)
rhwng (*prp*) between
rhybudd (*m*) warning,
   rhybuddion (*pl*)
rhybuddio (*vb*) warn,
   rhybudd- (*stem*)
rhywbryd (*ad*) sometime
rhywun (*m*) someone, **rhywrai** (*pl*)

safle (*f*) position, **safleoedd** (*pl*)
sain (*f*) sound, **seiniau** (*pl*)
saith (*adj*) seven
sâl (*adj*) ill
sarjent (*m*) sergeant
sbectol (*f*) glasses, spectacles
sefyll (*vb*) stand, **saf-** (*stem*)
seremoni (*f*) ceremony,
   seremonïau (*pl*)
sêt (*f*) seat, **seti** (*pl*)
sgil (*m*) skill, **sgiliau** (*pl*)
sgwrs (*f*) conversation, **sgyrsiau** (*pl*)
siapo (*vb*) hurry, **siap-** (*stem*)
siarad (**â**) (*vb*) speak (to),
   siarad- (*stem*)
siawns (*f*) chance
sicrhau (*vb*) secure, **sicrha-** (*stem*)
siglo (*vb*) shake, **sigl-** (*stem*)
   siglo llaw shake hands
siom (*m*) disappointment, **siomau** (*pl*)
siomedig (*adj*) disappointed
siomi (*vb*) disappoint, **siom-** (*stem*)
siop (*f*) shop, **siopau** (*pl*)
   siop bapurau newsagent's
siopwr (*m*) shopkeeper, **siopwyr** (*pl*)
siriol (*adj*) cheerful
siwgr (*m*) sugar
siwmper (*f*) jumper, **siwmperi** (*pl*)
slogan (*f*) slogan, **sloganau** (*pl*)
slotian (*vb*) drink (alcohol); tipple,
   sloti- (*stem*)
smocio (*vb*) smoke, **smoci-** (*stem*)
snwcer (*m*) snooker
soser (*f*) saucer, **soseri** (*pl*)
stopio (*vb*) stop, **stopi-** (*stem*)
stori (*f*) story, **storïau** (*pl*)
stormus (*adj*) stormy
stryd (*f*) street, **strydoedd** (*pl*)
sut (*ad*) how

swn (*m*) noise
swnllyd (*adj*) noisy
swper (*m*) supper, swperau (*pl*)
swydd (*f*) job, swyddi (*pl*)
swyddfa (*f*) office, swyddfeydd (*pl*)
   swyddfa bost post office
syched (*m*) thirst
sylfaenol (*adj*) basic
syndod (*m*) surprise
syniad (*m*) idea, syniadau (*pl*

tad (*m*) father, tadau (*pl*)
tad-cu (*m*) grandfather, tadau-cu (*pl*)
tad-yng-nghyfraith (*m*) father-in-law,
   tadau-yng-nghyfraith (*pl*)
tafarn (*f*) pub, tafarnau (*pl*)
tafarnwr (*m*) publican, tafarnwyr (*pl*)
tafarnwraig (*f*) publican,
   tafarnwragedd (*pl*)
tair (*adj*) three (*f*)
tal (*adj*) tall
talu (*vb*) pay, tal- (*stem*)
tân (*m*) fire, tanau (*pl*)
tan (*prp*) until
taten (*f*) potato, tatws (*pl*)
tawel (*adj*) quiet
te (*m*) tea
tebot (*m*) teapot, tebotau (*pl*)
teg (*adj*) fair
tegell (*m*) kettle, tegellau (*pl*)
tei (*m*) tie, teis (*pl*)
teimlad (*m*) feeling, teimladau (*pl*)
teisen (*f*) cake, teisennau (*pl*)
teitl (*m*) title, teitlau (*pl*)
teithio (*vb*) travel, teithi- (*stem*)
teledu (*m*) television
tenau (*adj*) thin
teulu (*m*) family, teuluoedd (*pl*)
tew (*adj*) fat
teyrnas (*f*) kingdom,
   teyrnasoedd (*pl*)
ti (*pn*) you (*informal*)
tîm (*m*) team, timau (*pl*)
tipyn (*m*) a little
tlawd (*adj*) poor, tlodion (*pl*)
toc (*adv*) presently
tocyn (*m*) ticket, tocynnau (*pl*)
torth (*f*) loaf, torthau (*pl*)
tost (*adj*) ill
traeth (*m*) beach, traethau (*pl*)

traethawd (*m*) essay; thesis,
   traethodau (*pl*)
trafnidiaeth (*f*) traffic
trafod (*vb*) to discuss, trafod- (*stem*)
traffordd (*f*) motorway, traffyrdd (*pl*)
tref (*f*) town, trefi (*pl*)
trefniad (*m*) arrangement,
   trefniadau (*pl*)
trên (*m*) train, trenau (*pl*)
tri (*adj*) (*m*) three
trin (*vb*) treat, trini- (*stem*)
trist (*adj*) sad
tro (*m*) turn; time, troeon (*pl*)
troed (*f*) foot, traed (*pl*)
troi (*vb*) turn, troi- (*stem*)
   troi i lawr turn down
trwm (*adj*) heavy
trwy (*prp*) (SM) through
trwyn (*m*) nose, trwynau (*pl*)
trwynol (*adj*) nasal
trysor (*m*) treasure, trysorau (*pl*)
tu (*m*) side
   tu allan outside
   tu ôl i (*prp*) (SM) behind
tua (*prp*) (AM) about
tun (*m*) tin, tuniau (*pl*)
twnnel (*m*) tunnel, twnelau (*pl*)
twristiaeth (*f*) tourism
twyllo (*vb*) cheat; deceive, twyll- (*stem*)
twym (*adj*) warm
tŷ (*m*) house, tai (*pl*)
tymheredd (*m*) temperature,
   tymereddau (*pl*)
tyndra (*m*) tension
tyst (*m*) witness, tystion (*pl*)

theatr (*f*) theatre, theatrau (*pl*)
thermomedr (*m*) thermometer,
   thermomedrau (*pl*)

uchel (*adj*) high, loud
un (*adj*) one
undonog (*adj*) monotonous
unig (*adj*) lonely; only
unrhyw (*adj*) (SM) any

wal (*f*) wall, welydd (*pl*)
wats (*f*) watch, watsis (*pl*)
wedyn (*ad*) then, afterwards
wrth (*prp*) (SM) by; near

ŵyr (*m*) grandson, **wyrion** (*pl*)
wyth (*adj*) eight
wythnos (*f*) week, **wythnosau** (*pl*)

ychwaneg (*ad*) more (NW)
ŷd (*m*) corn, **ydau** (*pl*)
yfed (*vb*) drink, **yf-** (*stem*)
yfory (*ad*) tomorrow
ynghylch (*prp*) about, concerning
yma (*ad*) here
ymddeol (*vb*) retire, **ymddeol-** (*stem*)
ymgais (*f*) attempt, **ymgeisiadau** (*pl*)
ymgartrefu (*vb*) settle down,
    ymgartref- (*stem*)
ymhen (*prp*) within (time)
ymladd (*vb*) fight, **ymladd-** (*stem*)
ymolchi (*vb*) wash oneself,
    ymolch- (*stem*)
ymuno (â) (*vb*) join, **ymun-** (*stem*)
ymweld (â) (*vb*) visit, **ymwel-** (*stem*)
ymwelydd (*m*) visitor, **ymwelwyr** (*pl*)
ymysg (*prp*) amongst
yn (*prp*) (NM) in
    yn ôl back(wards)
    yn ymyl near
    yn ystod during
yna (*ad*) there
yno (*ad*) there (not in sight)
ysbyty (*m*) hospital, **ysbytai** (*pl*)
ysgrifennu (*vb*) write,
    ysgrifenn-(*stem*)
ysgrifennwr (*m*) writer,
    ysgrifenwyr (*pl*)
ysmygu (see **smocio**), **ysmyg-** (*stem*)
ystafell wely (*f*) bedroom,
    ystafelloedd gwely (*pl*)

English-Welsh

abundant helaeth (*adj*)
accent acen (*f*), acenion
accident damwain (*f*),
    damweiniau (*pl*)
acknowledge cydnabod (*vb*),
    cydnabydd- (*stem*)
adjudicator beirniad (*m*), beirniaid
admire edmygu (*vb*), edmyg- (*stem*)
advice cyngor (*m*), cynghorion (*pl*)

after ar ôl (*cnj*)
afternoon prynhawn (*m*),
    prynhawniau (*pl*)
afterwards wedyn (*ad*)
age oed (*m*)
agree (**with**) cytuno (â) (*vb*),
    cytun- (*stem*)
agreed cytûn (*adj*)
all i gyd (*adj*)
allow caniatáu (*vb*), caniata- (*stem*)
already eisoes (*ad*)
also hefyd (*ad*)
although er (*prp*)
amongst ymysg (*prp*)
and a ('ac' before a vowel) (*cnj*) (AM)
angel (*m*) angel, angylion (*pl*)
angelic (*adj*) angylaidd
angry crac (*adj*)
    announce cyhoeddi (*vb*),
    cyhoedd- (*stem*)
any unrhyw (*adj*) (SM)
appeal apelio (*vb*), apeli- (*stem*)
apple afal (*f*), afalau (*pl*)
application (*m*) cais, ceisiadau (*pl*)
army byddin (*f*), byddinoedd (*pl*)
around o amgylch, o gwmpas (*prp*)
arrangement trefniad (*m*),
    trefniadau (*pl*)
arrest arestio (*vb*), aresti- (*stem*)
arrive cyrraedd (*vb*), cyrhaedd- (*stem*)
at at (*prp*) (SM)
    at home gartref
    at the moment ar hyn o bryd
atmosphere awyrgylch (*m*)
attempt cynnig (*m*), cynigion (*pl*);
    ymgais (*m*, *f*) ymgeisiadau (*pl*)
attitude agwedd (*f*), agweddau (*pl*)
aunt modryb (*f*), modrybod (*pl*)

back(wards) yn ôl (*ad*)
bad drwg (*adj*)
ball pêl (*f*), peli (*pl*)
banana banana (*m*), bananas (*pl*)
bard bardd (*m*) , beirdd (*pl*)
basic sylfaenol (*adj*)
battle brwydr (*f*), brwydrau (*pl*)
be bod (*vb*), (*irreg*)
    be born geni, gan- (*stem*)
    be obliged gorfod (*vb*) (*periph*)
beach traeth (*m*), traethau (*pl*)

bear arth (*m*), eirth (*pl*)
beat curo (*vb*), cur- (*stem*)
because achos, oherwydd (*cjn*)
bedroom (1) llofft (*f*), llofftydd (*pl*);
(2) ystafell wely (*f*), ystafelloedd
gwely (*pl*)
beer cwrw (*m*)
before cyn (*prp*)
before long cyn bo hir
behind tu ôl i (*prp*) (SM)
believe credu (*vb*), cred- (*stem*)
benefit lles (*m*)
besides heblaw (*prp*)
best gorau (*adj*)
better gwell (*adj*)
between rhwng (*prp*)
big mawr (*adj*), mawrion (*pl*)
bike beic (*m*), beiciau (*pl*)
bill bil (*m*), biliau (*pl*)
biro beiro (*m*), beiros (*pl*)
biscuit bisgïen (*f*), bisgedi (*pl*)
bit tipyn (*m*)
bitter chwerw (*adj*)
blind dall (*adj*), deillion (*pl*)
boat cwch (*m*), cychod (*pl*)
body corff (*m*), cyrff (*pl*)
book llyfr (*m*), llyfrau (*pl*)
bookcase cas llyfrau (*m*),
casys llyfrau (*pl*)
border ffin (*f*), ffiniau (*pl*); ffinio (*vb*),
ffini- (*stem*)
bother poeni (*vb*) , poen- (*pl*)
bottle potel (*f*), poteli (*pl*)
boundary ffin (*f*), ffiniau (*pl*)
box bocs (*m*), bocsys (*pl*)
boy bachgen (*m*), bechgyn (*pl*)
bread bara (*m*)
breakfast brecwast (*m*),
brecwastau (*pl*)
bridge pont (*f*), pontydd (*pl*)
bring dod â (*vb*) (*irreg*)
brother brawd (*m*), brodyr (*pl*)
building adeilad (*m*), adeiladau (*pl*)
bulletin bwletin (*m*), bwletinau (*pl*)
bus bws (*m*), bysiau (*pl*)
business busnes (*m*), busnesau (*pl*)
busy prysur (*adj*)
butcher cigydd (*m*), cigyddion (*pl*)
buy prynu (*vb*), pryn- (*pl*)
by gan; wrth (*prp*) (SM)

by now erbyn hyn
by the way gyda llaw

cake teisen (*f*), teisennau (*pl*)
calf llo (*m*), lloi (*pl*)
call galw (*vb*), galw- (*stem*)
call by galw heibio
can gallu (*vb*), gall- (*stem*)
car car (*m*), ceir (*pl*)
caravan carafán (*f*), carafannau (*pl*)
careful gofalus (*adj*)
carpet carped (*m*), carpedi (*pl*)
carry cario (*vb*), cari- (*vb*)
cart cert (*m*), certi (*pl*)
cat cath (*f*), cathod (*pl*)
catch dal (*vb*), dali- (*stem*)
ceremony seremoni (*f*),
seremonïau (*pl*)
chair cadair (*f*), cadeiriau (*pl*);
cadeirio (*vb*)
chance siawns (*f*)
chapel (tŷ) cwrdd (*m*), tai cwrdd (*pl*)
chat clonc (*f*); cloncian (*vb*),
clonci- (*stem*)
cheap rhad (*adj*)
cheat twyllo (*vb*), twyll- (*stem*)
cheerful siriol (*adj*)
chicken iâr (*f*), ieir (*pl*)
chicken pox brech yr ieir (*f*)
city dinas (*f*), dinasoedd (*pl*)
clear clirio (*vb*), cliri- (*stem*)
close clòs (*adv*) (weather)
cloudy cymylog (*adj*)
club clwb (*m*), clybiau (*pl*)
coal glo (*m*)
coat cot (*f*), cotiau (*pl*)
coffee coffi (*m*)
cold annwyd (*m*)
cold oer (*adj*)
comb crib, cribau (*pl*)
come dod (*vb*) (*irreg*)
compact (*adj*) cryno
compact disk (**CD**) crynoddisg
(*m*), crynoddisgiau (*pl*)
company cwmni (*m*), cwmnïau (*pl*)
compete cystadlu (*vb*) ,
cystadleu- (*stem*)
complaint cwyn (*f*), cwynion (*pl*)
concerning ynghylch (*prp*)
concert cyngerdd (*f*), cyngherddau (*pl*)

condition cyflwr (*m*), cyflyrau (*pl*)
conversation sgwrs (*f*), sgyrsiau (*pl*)
copy copi (*m*), copïau (*pl*)
corn ŷd (*m*) , ydau (*pl*)
correct iawn (*adj*)
council cyngor (*m*), cynghorau (*pl*)
counter cownter (*m*), cownteri (*pl*)
country gwlad (*f*), gwledydd (*pl*)
county sir (*f*), siroedd (*pl*)
cow buwch (*f*), buchod (*pl*)
cream hufen (*f*)
crown coron (*m*), coronau (*pl*)
crown coroni (*vb*), coron- (*stem*)
crumbs (*pl*) briwsion
cup cwpan (*m*), cwpanau (*pl*)
cupful cwpanaid (*m*), cwpaneidi (*pl*)

danger perygl (*m*), peryglon (*pl*)
day (*m*) dydd, dyddiau (*pl*)
   day before yesterday echdoe (*ad*)
day('s length) diwrnod (*m*),
   diwrnodau (*pl*)
deaf byddar (*adj*)
deceive twyllo (*vb*), twyll- (*stem*)
decide (*vb*) penderfynu, penderfyn-
   (*stem*)
decision penderfyniad (*m*),
   penderfyniadau (*pl*)
degree gradd (*f*), graddau (*pl*)
demolish chwalu (*vb*), chwal- (*stem*)
department adran (*f*), adrannau (*pl*)
desire chwant (*m*)
desk desg (*f*), desgiau (*pl*)
determined (to) penderfynol (o) (*adj*)
different gwahanol (*adj*) (SM)
dinner cinio (*m*), ciniawau (*pl*)
direction cyfarwyddyd (m),
   cyafrwyddiadau (*pl*)
disagree anghytuno (*vb*),
   anghytun- (*stem*)
disappoint siomi (*vb*), siom- (*stem*)
disappointed siomedig (*adj*)
disappointment siom (*m*), siomau (*pl*)
discuss trafod (*vb*), trafod- (*stem*)
dishes llestri (*pl*)
dislike drwgleicio (*vb*) (*periph*)
district ardal (*f*), ardaloedd
develop datblygu (*vb*), datblyg- (*stem*)
do gwneud (*vb*) (*irreg*)
dog ci (*m*), cŵn (*pl*)

don't peidio (*vb*), peidi- (*stem*)
door drws (*m*), drysau (*pl*)
dream breuddwydio (*vb*),
   breuddwydi- (*stem*)
dress gwisgo (*vb*), gwisg- (*stem*)
drink yfed (*vb*), yf- (*stem*)
   drink alcohol slotian, sloti- (*stem*)
drive gyrru (*vb*), gyrr- (*stem*)
during yn ystod (*prp*)
dust llwch (*m*)
dwarf corrach, corachod (*pl*)

early cynnar (*adj*)
eat bwyta (*vb*), bwyt- (*stem*)
economic economaidd (*adj*)
economy economi (*m*), economïau (*pl*)
edition rhifyn (*m*), rhifynnau (*pl*)
eight wyth (*adj*)
eisteddfod eisteddfod (*f*),
   eisteddfodau (*pl*) - a Welsh literary
   and musical festival
eligible cymwys (*adj*)
end pen (*m*), pennau; diwedd (*m*);
   gorffen (*vb*)
enough digon (*ad*)
envelope amlen (*f*), amlenni (*pl*)
environment amgylchedd (*m*)
essay traethawd (*m*), traethodau (*pl*)
even (*ad*) hyd yn oed; byth
evening noson (*f*), nosweithiau (*pl*)
ever (*ad*) byth; erioed
every morning bob bore (*ad*)
everyday bob dydd (*ad*)
everyone pawb (*pn*)
exactly ar ei ben (*ad*)
examination arholiad (*m*),
   arholiadau (*pl*)
expect disgwyl (*vb*), disgwyli- (*stem*)
extensive (*adj*) helaeth

fair teg (*adj*)
fast cyflym (*adj*)
father tad (*m*), tadau (*pl*)
   father in law tad-yng-nghyfraith
fault bai (*m*), beiau (*pl*)
foolish ffôl (*adj*)
from (*prp*) o (a place); oddi wrth (a
   person)

gain ennill (*vb*), enill- (*stem*)

get cael (*vb*) (*irreg*)
goods nwyddau (*pl*)
grandfather tad-cu (*m*) (SW), tadau-cu (*pl*); taid (NW), teidiau (*pl*)
grandmother mam-gu (*f*) (SW), mamau-cu (*pl*); nain (NW), neiniau (*pl*)
grandson ŵyr (*m*), wyrion (*pl*)
grateful diolchgar (*adj*)
grocer groser (*m*), groseriaid (*pl*)

hail bwrw cesair (*vb*), bwrw- (*stem*)
half hanner (*m*), haneri (*pl*)
hand llaw (*f*), dwylo (*pl*)
happen digwydd (*vb*), digwydd- (*stem*)
happy hapus (*adj*)
hat het (*f*), hetiau (*pl*)
hate casáu (*vb*) (*irreg*)
have cael (*vb*) (*irreg*); bod ... gyda/gan (see **Section 21**)
hay gwair (*m*)
   hay fever clefyd y gwair (*m*)
head pen (*m*), pennau (*pl*)
healthy iachus (*adj*)
heap pentwr (*m*), pentyrrau (*pl*); pentyrru (*vb*), pentyrr- (*stem*)
hear clywed (*vb*), clyw- (*stem*)
heather grug (*m*)
heavy trwm (*adj*)
hen iâr (*f*), ieir (*pl*)
here (**is/are**) dyma (*ad*)
here yma (*ad*)
high uchel (*adj*)
hill rhiw (*f*), rhiwiau (*pl*)
hit bwrw (*vb*), bwrw- (*stem*)
holidays gwyliau (*pl*)
homesickness hiraeth (*m*)
home(**wards**) adref (*ad*)
homework gwaith cartref (*m*)
honest gonest (*adj*)
honesty gonestrwydd (*m*)
horse ceffyl (*m*), ceffylau (*pl*)
hospital ysbyty (*m*), ysbytai (*pl*)
hotel gwesty (*m*), gwestai (*pl*)
hour awr (*f*), oriau (*pl*)
house tŷ (*m*), tai (*pl*)
how (*ad*) sut
   how many, how much faint
hum mwmian (*vb*), mwmi- (*stem*)
hurry siapo (*vb*), siap- (*stem*)

husband gŵr (*m*), gwŷr (*pl*)
hypermarket archfarchnad (*f*), archfarchnadoedd (*pl*)

idea syniad (*m*), syniadau (*pl*)
if os, pe (*cjn*)
ill sâl, tost (*adj*)
implication goblygiad (*m*), goblygiadau
in yn (*prp*) (NM); i mewn (*ad*)
   in front of o flaen
   in (**a**) mewn
industry diwydiant (*m*), diwydiannau (*pl*)
influence dylanwad (*m*), dylanwadau (*pl*)
influenza ffliw (*m*)
injure anafu (*vb*), anaf- (*stem*)
inquire (**about**) holi (am) (*vb*), hol- (*stem*)
instruction cyfarwyddyd (m), cyfarwyddiadau (*pl*)
intend bwriadu (*vb*), bwriad- (*stem*)
interesting diddorol (*adj*)
into i mewn i (*prp*) (SM)

job swydd (*f*), swyddi (*pl*)
join ymuno (â) (*vb*), ymun- (*stem*)
jointly ar y cŷd (*ad*)
jug jwg (*f*), jygiau (*pl*)
jump neidio (*vb*), neidi- (*stem*)
jumper siwmper (*f*), siwmperi (*pl*)
just newydd (*ad*)
   just now gynnau fach

keep cadw (*vb*), cadw- (*stem*)
kettle tegell (*m*), tegellau (*pl*)
kill lladd (*vb*), lladd- (*stem*)
kind caredig (*adj*)
kingdom teyrnas (*f*), teyrnasoedd (*pl*)
knife cyllell (*f*), cyllyll (*pl*)
know (**a fact**) gwybod (*vb*) (*periph*)
know (**a person, place**) adnabod (*vb*) adnabydd- (*stem*)

lad llanc (*m*), llanciau (*pl*)
lame cloff (*adj*)
language iaith (*f*), ieithoedd (*pl*)
lap arffed (*f*), arffedau (*pl*); hafflau (*m*)
last (**previous**) diwethaf (*adj*)

last night neithiwr
last year llynedd
learn dysgu (*vb*), dysg- (*stem*)
learner dysgwr (*m*), dysgwyr (*pl*)
leave gadael (*vb*), gadaw- (*stem*)
leg coes (*f*), coesau (*pl*)
lesson gwers (*f*), gwersi (*pl*)
letter llythyr (*m*), llythyron (*pl*)
light (**a fire**) cynnau (*vb*),
    cynheu- (*stem*)
like hoffi (*vb*), hoff- (*stem*); licio (*vb*),
    lici- (*stem*); caru (*vb*), car- (*stem*)
lily lili (*f*)
    lily of the valley lili'r dyffryn
lion llew (*m*), llewod (*pl*)
listen (**to**) gwrando (ar) (*vb*),
    gwrandaw- (*stem*)
literary llenyddol (*adj*)
literature llenyddiaeth (*f*),
    llenyddiaethau (*pl*)
live byw (*vb*) (*periph*)
loaf torth (*f*), torthau (*pl*)
local lleol (*adj*)
lock cloi (*vb*), cloi- (*stem*)
lonely unig (*adj*)
long hir (*adj*)
longing hiraeth (*m*)
look (**at**) edrych (ar) (*vb*),
    edrych- (*stem*)
    look for chwilio am , chwili- (*stem*)
lorry lori (*f*), lorïau (*pl*)
lose colli (*vb*), coll- (*pl*)
lot (**of**) llawer (o) (*m*)
loud uchel (*adj*)
love cariad (*m*), cariadon (*pl*);
    caru (*vb*), car- (*stem*)
luck lwc (*f*)
lucky lwcus (*adj*)
lunch cinio (*m*), ciniawau (*pl*)

mail post (*m*)
make gwneud (*vb*) (*irreg*)
man dyn (*m*), dynion (*pl*)
manager rheolwr (*m*), rheolwyr (*pl*)
mare caseg (*f*), cesyg
market marchnad (*f*),
    marchnadoedd (*pl*)
married priod (*adj*)
marry priodi (â) (*vb*), priod- (*pl*)
match(**stick**) matsen (*f*), matsis (*pl*)

mean golygu (*vb*), golyg- (*stem*)
measles brech goch (*f*)
medicine moddion (*pl*)
meet (**with**) cwrdd (â) (*vb*),
    cwrdd- (*stem*)
meeting house (tŷ) cwrdd (*m*), tai
    cwrdd (*pl*)
member aelod (*m*), aelodau (*pl*)
    member of parliament aelod
    seneddol
message neges (*f*), negeseuon (*pl*)
mile milltir (*f*), milltiroedd (*pl*)
milk llaeth (*m*)
minister gweinidog (*m*),
    gweinidogion (*pl*)
minute munud (*f*), munudau (*pl*)
miserable diflas (*adj*)
money arian (*pl*)
monotonous undonog (*adj*)
moon lleuad (*f*), lleuadau (*pl*)
more rhagor (*ad*); mwy (*adj*)
morning bore (*m*), boreau (*pl*)
mother mam (*f*), mamau (*pl*)
motorway traffordd (*f*), traffyrdd (*pl*)

name enw (*m*), enwau (*pl*)
nasal trwynol (*adj*)
national cenedlaethol (*adj*)
naughty drwg (*adj*)
near ar bwys, yn ymyl (*prp*)
necessity rhaid (*m*)
need eisiau (*m*)
never (*ad*) byth; erioed
news newyddion (*pl*)
newsagent's siop bapurau (*f*)
next nesaf (*adj*)
nice dymunol, hyfryd (*adj*)
nine naw (*adj*)
noise sŵn (*m*), swnfeydd (*pl*)
noisy swnllyd (*adj*)
non-conformist church (tŷ)
    cwrdd (*m*), tai cwrdd (*pl*)
nose trwyn (*m*), trwynau (*pl*)
nothing dim (byd) (*m*)
novel nofel (*f*), nofelau (*pl*)
now nawr (*ad*)
number nifer (*f*), niferoedd (*pl*)

obtain cael (*vb*) (*irreg*)
occasionally ambell waith (*ad*)

office swyddfa (*f*), swyddfeydd (*pl*)
old hen (*adj*) (SM)
on ar (*prp*) (SM)
   on the left ar y chwith
   on the right ar y dde
one un (*adj*)
only unig (*adj*); dim ond (*ad*)
open agor (*vb*), agor- (*stem*)
opportunity cyfle (*m*), cyfleon (*pl*)
or neu (*cnj*) (SM)
order gorchymyn (*m*),
   gorchmynion (*pl*)
original gwreiddiol (*adj*)
out allan (*ad*) (NW), ma's (SW)
outside tu allan (*ad*)
own (*vb*) piau

package pecyn (*m*), pecynnau (*pl*)
paint peintio (*vb*), peinti- (*stem*)
   paint pictures arlunio (*vb*),
   arluni- (*stem*)
paper papur (*m*), papurau (*pl*)
park parcio (*vb*), parci- (*pl*)
pass pasio (*vb*), pasi- (*stem*)
pavilion pafiliwn (*m*)
pay talu (*vb*), tal- (*stem*)
pedestrian (*m*) cerddwr, cerddwyr (*pl*)
   pedestrian crossing croesfan,
   croesfannau (*pl*)
pencil pensil, pensiliau (*pl*)
penny ceiniog (*f*), ceiniogau (*pl*)
people pobl (*f*), pobloedd (*pl*)
pepper pupur (*m*)
perhaps efallai, hwyrach (NW) (*ad*)
permit (caniatáu (*vb*), caniata- (*stem*)
personal personol (*adj*)
persuade perswadio (*vb*),
   perswadi- (*stem*)
photograph ffotograff (*m*),
   ffotograffau (*pl*)
picture llun (*m*), lluniau (*pl*)
pin pin (*m*), pinnau (*pl*)
pint peint (*m*), peintiau (*pl*)
place lle (*m*), llefydd (*pl*)
plan cynllun (*m*), cynlluniau (*pl*)
platform (railway station)
   platfform (*m*), platfformau (*pl*)
play chwarae (*vb*); drama (*f*),
   dramâu (*pl*)
pleasant dymunol, hyfryd (*adj*)

pleasure pleser (*m*), pleserau (*pl*)
poet bardd (*m*), beirdd (*pl*)
point diben (*m*), dibenion (*pl*)
police heddlu (*pl*)
   police station gorsaf heddlu
policeman plisman (*m*), plismyn (*pl*)
policewoman plismones (*f*),
   plismonesau (*pl*)
poor tlawd (*adj*), tlodion (*pl*)
port porthladd (*m*), porthladdoedd (*pl*)
position safle (*m*), safleoedd (*pl*)
post (rugby etc.) postyn (*m*), pyst (*pl*);
post post (mail) (*m*)
   post office swyddfa bost
potato taten (*f*), tatws (*pl*)
pound (£) punt (*f*), punnoedd (*pl*)
pound (lb) pwys (*f*), pwysi (*pl*)
praise canmoliaeth (*f*), moliant (*m*);
   canmol (*vb*)
present presennol (*adj*)
presently toc (*ad*)
pretty pert (*adj*)
prize gwobr (*f*), gwobrau (*pl*)
problem problem (*f*), problemau (*pl*)
proper priod (*adj*)
property eiddo (*m*)
protest protestio (*vb*), protesti- (*stem*)
pub tafarn (*f*), tafarnau (*pl*)
public cyhoedd (*m*), cyhoeddus (*adj*)
publican tafarnwr (*m*),
   tafarnwraig (*f*), tafarnwyr (*pl*)
publish cyhoeddi (*vb*), cyhoedd- (*stem*)
punctual prydlon (*adj*)
purpose diben (*m*), dibenion (*pl*)
put dodi (*vb*), dod- (*stem*)
   put out (**fire**) diffodd (*vb*),
   diffodd- (*stem*)

quick cyflym (*adj*)
quiet distaw, tawel (*adj*)
quite eithaf (*ad*)

race ras (*f*), rasys (*pl*)
racket raced (*f*), racedi (*pl*)
railway rheilffordd (*f*), rheilffyrdd (*pl*)
rain bwrw (glaw) (*vb*), bwrw- (*stem*)
reach cyrraedd (*vb*), cyrhaedd- (*stem*)
read darllen (*vb*), darllen- (*stem*)
reader darllenydd (*m*), darllenwyr (*pl*)
reason rheswm (*m*), rhesymau (*pl*)

record record (*f*), recordiau (*pl*)
region ardal (*f*), ardaloedd
remaining ar ôl (*ad*)
remember cofio (*vb*), cofi- (*stem*)
repair atgyweirio (*vb*),
    atgyweiri- (*stem*)
report adroddiad (*m*),
    adroddiadau (*pl*)
rest gweddill (*m*), gweddillion (*pl*)
result canlyniad (*m*), canlyniadau (*pl*)
retire ymddeol (*vb*), ymddeol- (*stem*)
reverend parchedig (*adj*)
rich cyfoethog (*adj*), cyfoethogion (*pl*)
ring canu (*vb*), can- (*stem*)
road heol (*f*) (SW), heolydd (*pl*),
    ffordd (*f*) (NW), ffyrdd (*pl*)
rope rhaff (*f*), rhaffau (*pl*)
rose rhosyn (*m*), rhosynnau (*pl*)
rubber rwber (*m*)
rugby rygbi (*m*)
run rhedeg (*vb*), rhed- (*stem*)

sad trist (*adj*)
sail hwyl (*f*), hwyliau (*pl*)
salt halen (*f*)
salty hallt (*adj*)
saucer soser (*f*), soseri (*pl*)
say (**to**) dweud (wrth) (*vb*), dwed-
    (*stem*)
scarce prin (*adj*)
scatter chwalu (*vb*), chwal- (*stem*)
scheme cynllun (*m*), cynlluniau (*pl*)
sea môr (*m*), moroedd (*pl*)
search (**for**) chwilio am , chwili- (*stem*)
seat sêt (*f*), seti (*pl*)
secure sicrhau (*vb*), sicrha- (*stem*)
see gweld (*vb*), gwel- (*stem*)
self hunan (*pn*), hunain (*pl*)
self-pity hunandosturi (*m*)
sell gwerthu (*vb*), gwerth- (*stem*)
sergeant sarjent (*m*)
service gwasanaeth (*m*),
    gwasanaethau (*pl*); gwasanaethu
    (*vb*), gwasanaeth- (*stem*)
settle (**down**) ymgartrefu (*vb*) ,
    ymgartref- (*stem*)
seven saith (*adj*)
shake siglo (*vb*), sigl- (*stem*)
    shake hands siglo llaw
shame cywilydd (*m*)

share (**with**) rhannu (â) (*vb*) ,
    rhann- (*stem*)
sharp miniog (*adj*)
shoe esgid (*f*), esgidiau (*pl*)
shop siop (*f*), siopau (*pl*)
shopkeeper siopwr (*m*), siopwyr (*pl*)
short byr (*adj*)
should 'dylu' (*vb*), dyl- (*stem*)
    (*defective*)
shovel rhaw (*f*), rhawiau (*pl*)
shower cawod (*f*), cawodydd (*pl*)
shut cau (*vb*), cae- (*stem*)
silly ffôl (*adj*)
since (**because**) gan (*prp*) (SM)
since ers (*prp*)
    since then ers hynny
sing canu (*vb*), canu- (*stem*)
sister chwaer (*f*), chwiorydd (*pl*)
sit eistedd (*vb*), eistedd- (*stem*)
six chwech (*adj*)
skill sgil (*m*), sgiliau (*pl*)
sleep cysgu (*vb*), cysg- (*stem*)
sleet eirlaw (*m*); bwrw eirlaw (*vb*),
    bwrw- (*stem*)
slogan slogan (*f*), sloganau (*pl*)
slow araf (*adj*)
small bach (*adj*)
smile gwên (*f*), gwenau (*pl*)
smoke smocio (*vb*), smoci- (*stem*);
    ysmygu, ysmyg- (*stem*)
snail malwoden (*f*), malwod (*pl*)
snooker snwcer (*m*)
snow eira (*m*), bwrw eira (*vb*),
    bwrw- (*stem*)
so (*ad*) felly
    so long as ... dim ond i chi ...
society cymdeithas (*f*),
    cymdeithasau (*pl*)
someone rhywun (*m*), rhywrai (*pl*)
sometime rhywbryd (*ad*)
son mab (*m*), meibion (*pl*)
song cân (*f*), caneuon (*pl*)
sound sain (*f*), seiniau (*pl*)
spade rhaw (*f*), rhawiau (*pl*)
speak (**to**) siarad (â) (*vb*), siarad- (*stem*)
spill colli (*vb*), coll- (*pl*)
splendid bendigedig (*adj*),
    campus (*adj*)
spokesperson llefarydd (*m*),
    llefarwyr (*pl*)

spoon llwy (*f*), llwyau (*pl*)
stand sefyll (*vb*), saf- (*stem*)
state cyflwr (*m*), cyflyrau (*pl*)
station gorsaf (*f*), gorsafoedd (*pl*)
stay aros (*vb*), arhos- (*stem*)
steal dwyn (*vb*), dyg- (*stem*)
steel dur (*m*)
still o hyd (*ad*); llonydd (*adj*)
stone carreg (*f*), cerrig (*pl*)
stop stopio (*vb*), stopi- (*stem*)
stormy stormus (*adj*)
story stori (*f*), storïau (*pl*)
street stryd (*f*), strydoedd (*pl*)
strength nerth (*m*)
stroll cerdded (*vb*), cerdd- (*stem*)
strong cryf (*adj*)
student myfyriwr (*m*), myfyrwraig (*f*),
   myfyrwyr (*pl*)
succeed llwyddo (*vb*), llwydd- (*stem*)
sugar siwgr (*m*)
suitable cymwys, addas (*adj*)
sulk pwdu (*vb*), pwd- (*stem*)
summer haf (*m*)
sun haul (*m*)
sunny heulog (*adj*)
supermarket archfarchnad (*f*),
   archfarchnadoedd (*pl*)
supper swper (*m*), swperau (*pl*)
support cefnogi (*vb*), cefnog- (*stem*)
suppose tybio (*vb*), tybi- (*stem*)
   supposed to be i fod
surprise syndod (*m*), syndodau (*pl*)
sweetheart cariad (*m*), cariadon (*pl*)
swim nofio (*vb*), nofi- (*stem*)
switch (*m*) switch, switsys (*pl*)
   switch off (**light**) diffodd (*vb*),
   diffodd- (*stem*)
   switch on cynnau (*vb*),
   cynheu- (*stem*)

table bord (*f*), bordydd (*pl*)
take mynd â (*vb*); cymryd,
   cymer- (*stem*)
   take advantage manteisio,
   manteisi- (*stem*)
tall tal (*adj*)
tea te (*m*)
teach (*vb*) dysgu, dysg- (*stem*)
teacher athro (*m*), athrawes (*f*),
   athrawon (*pl*)

team tîm (*m*), timau (*pl*)
teapot tebot (*m*), tebotau (*pl*)
telephone ffôn (*m*), ffonau (*pl*)
telephone ffonio (*vb*), ffoni- (*stem*)
television teledu (*m*)
tell (*vb*) dweud (wrth), dwed- (*stem*)
temperature tymheredd (*m*),
   tymereddau (*pl*)
ten deg (*adj*)
   ten pounds (£) decpunt (*f*)
tension tyndra (*m*)
tent pabell (*f*), pebyll (*pl*)
thanks diolch (*m*)
that hynny (*pn*) (*abstract*)
that hwnnw (*pn*) (*m*); honno (*f*)
   that one hwnna (*pn*) (*m*);
   honna (*pn*) (*f*)
theatre theatr (*f*), theatrau (*pl*)
then wedyn (*ad*)
there (not in sight) yno (*ad*)
there (**is/are**) dyna (*ad*)
there yna (*ad*)
thermometer thermomedr (*m*),
   thermomedrau (*pl*)
thin tenau (*adj*)
thing peth (*m*), pethau (*pl*)
think meddwl (*vb*), meddyli- (*stem*)
thirst syched (*m*)
this hyn (*pn*) (*abstract*)
this hwn (*m*) (*pn*); hon (*f*)
   this year eleni (*ad*)
those rheina (*pn*)
three tri (*m*) (*adj*); tair (*f*)
through trwy (*prp*) (SM)
ticket tocyn (*m*), tocynnau (*pl*)
tie tei (*m*), teis (*pl*)
time amser (*m*), amserau (*pl*);
   pryd (*m*), prydiau (*pl*)
tin tun (*m*) tuns (*pl*)
tired blinedig (*adj*)
tiresome blinderus (*adj*)
title title (*m*), teitlau (*pl*)
to (a person) at (*prp*) (SM); (a place) i
   (SM)
toad llyffant (*m*), llyffantod (*pl*)
today heddiw (*ad*)
tomorrow yfory (*ad*)
tonight heno (*ad*)
too hefyd (*ad*)
   too much gormod

toothache dannodd (*f*)
tourism twristiaeth (*f*)
towards tuag at (*prp*) (SM)
town tref (*f*), trefi (*pl*)
traffic trafnidiaeth (*f*)
train trên (*m*), trenau (*pl*)
travel teithio (*vb*), teithi- (*stem*)
treasure trysor (*f*), trysorau (*pl*)
treat trin (*vb*), trini- (*stem*)
true gwir (*adj*)
truth gwir (*m*)
try cais (*m*) try (*rugby*), ceisiadau (*pl*);
    ceisio (*vb*), ceisi- (*stem*)
tunnel twnnel (*m*), twnelau (*pl*)
turn troi (*vb*), troi- (*stem*); tro (*m*),
    troeon (*pl*)
    turn down troi i lawr
twelve deuddeg (*adj*)
two dau (*adj*) (*m*) (SM); dwy (*f*) (SM)

uncle ewyrth (*m*), ewyrthod (*pl*)
under dan (*prp*) (SM)
unpleasant annymunol (*adj*)
until tan (*prp*)

valley dyffryn (*m*), dyffrynnoedd (*pl*);
    cwm (*m*), cymoedd (*pl*)
village pentref (*m*), pentrefi (*pl*)
violin ffidil (*f*) , ffidilau (*pl*)
visit ymweld (â) (*vb*), ymwel- (*stem*)
visitor ymwelydd (*m*), ymwelwyr (*pl*)
vitamin fitamin (*m*), fitaminau (*pl*)
voice llais (*m*), lleisiau (*pl*)

wait aros (*vb*), arhos- (*stem*)
wake (**up**) dihuno (*vb*), dihun- (*stem*)
Wales Cymru (*f*)
walk cerdded (*vb*), cerdd- (*stem*)
wall wal (*f*), welydd (*pl*)
want (*vb*) moyn (*periph*)
warm twym (*adj*)
warn rhybuddio (*vb*), rhybuddi- (*stem*)
warning rhybudd (*m*), rhybuddion (*pl*)
wash golchi (*vb*), golch- (*stem*)
    wash oneself ymolchi,
    ymolch- (*stem*)
watch gwylio (*vb*), gwyli- (*stem*)
watch wats (*f*), watsis (*pl*)
water dŵr (*m*), dyfroedd (*pl*)

way ffordd (*f*), ffyrdd (*pl*)
weak gwan (*adj*)
week wythnos (*f*), wythnosau (*pl*)
weight pwysau (*pl*)
welcome croeso (*m*)
Welsh Cymreig (*adj*)
    Welsh language Cymraeg
    Welsh people Cymry
Welshman Cymro (*m*), Cymry (*pl*)
Welshwoman Cymraes (*f*),
    Cymraesau (*pl*)
wet gwlyb (*adj*)
what beth (*pn*) (SM)
    what time faint o'r gloch
when pryd (*ad*); pan (*cnj*) (SM)
where ble (*ad*); lle (*cnj*)
white gwyn (*adj*)
who pwy (*pn*)
why pam (*ad*)
wife gwraig (*f*), gwragedd (*pl*)
win ennill (*vb*), enill- (*stem*)
window ffenestr (*f*), ffenestri (*pl*)
windy gwyntog (*adj*)
with â (*prp*) (AM); gyda (*prp*) (AM)
within (time) ymhen (*prp*)
without heb (*prp*) (SM)
witness tyst (*m*), tystion (*pl*)
woman menyw (*f*), menywod (*pl*)
work gwaith (*m*), gweithfeydd (*pl*)
work gweithio (*vb*), gweithi- (*stem*)
worker gweithiwr (*m*), gweithwyr (*pl*)
world byd (*m*)
worry poeni (*vb*) , poen- (*pl*)
wrinkle crych (*m*), crychau (*pl*);
    crychu (*vb*), crych- (*stem*)
write ysgrifennu (*vb*) ,
    ysgrifenn- (*stem*)
writer ysgrifennwr (*m*),
    ysgrifenwyr (*pl*)

year blwyddyn (*f*) , blynyddoedd (*pl*);
    blwydd (with age); blynedd (after
    numbers) (*pl*)
yellow melyn (*adj*), melen (*f*)
yesterday ddoe (*ad*)
yonder (**is/are**) dacw (*ad*) (SM)
you chi (*pn*) (*formal*); ti (*informal*)
young ifanc (*adj*), ifainc (*pl*)
youth llanc (*m*), llanciau (*pl*)

Index

The numbers refer to sections, *not* pages.

207